Miraklet mellem os
Helbredt for leverkræft

Ditte Olivia Egede Corfixen
Tommy Toudahl Egede Corfixen

Ditte Olivia Egede Corfixen
Tommy Toudahl Egede Corfixen

Miraklet mellem os
Helbredt for leverkræft

Personlig beretning

Redaktion: Tenna Sofie Petersen
Korrekturlæsning: Tenna Sofie Petersen

Forlag: BoD · Books on Demand, Strandvejen 100, 2900 Hellerup,
bod@bod.dk

Tryk: Libri Plureos GmbH, Friedensallee 273, 22763 Hamborg, Tyskland

ISBN: 978-87-7691-775-3

Indholdsfortegnelse

Tak

Ingen rejse som denne kan tages alene. Der er mennesker, der har båret os, støttet os, troet på os og hjulpet os, når vi ikke selv kunne finde vej.

Først og fremmest tak til min mand. Din styrke, din ro og din vilje til at leve har været selve kernen i alt. Du turde gå en anden vej. Du turde sige nej, når alle sagde ja. Du stolede på mig, på os og på, at et andet liv var muligt. Det her er også din fortælling. Din sejr. Dit mirakel.

Tak til vores tre børn. Tobias, Siv og lille seje Sally. I bar mig, da jeg skulle have båret jer. Jeres kærlighed, tålmodighed og mod har været med mig hele vejen, selv når det var allersværest.

Tak også til mit barnebarn og lille øjesten, Hugo, for det liv og den kærlighed du har bragt ind i vores liv.

Tak til min mor, Helle, som ikke bare var mor, men også mit intellektuelle bagland. Du hjalp med alt det faglige, oversatte latin, støttede økonomisk og lavede det gravearbejde, jeg ikke selv kunne overskue. Og du jublede med mig, hver gang det gik den rigtige vej. Jeg kunne ikke have gjort det uden dig.

Tak til lægen, fra den private lægepraksis i Søborg, som gav os håb og kyndig vejledning, da vi mest af alt havde brug for retning. Dine oversigter, dine råd og din tilstedeværelse blev en ledestjerne i mørket.

Tak til Professor Dr. med. Thomas J. Vogl, mediciner og radiolog ved Frankfurt Universitetshospital, for at svare på en e-mail fra en desperat hustru i Danmark og for at tage os alvorligt. Din tilgang til behandling, din viden og dit engagement reddede Tommys liv. Uden dig havde jeg sikkert ingen medforfatter i dag.

Og til Tenna, min bedste ven og soulmate: Der findes ikke ord nok. Du gjorde rejsen mulig. Du kørte bilen, ordnede hjemmet, trøstede mig, græd og grinede med mig og var Sallys trygge klippe, når jeg vaklede. Du hjalp med ALT. Du er et mirakel i menneskeskikkelse.

Tak til Kræftforeningen Tidslerne for at bringe vores historie, dele den i jeres blad og invitere os til at holde foredrag. I giver stemme til dem, der tør gå mod strømmen, og I gav os mod til at stå frem.

Tak til alle jer, der støttede vores indsamling, da vi var ved at løbe tør for midler. Jeres tro, jeres bidrag og jeres medfølelse gav os kræfter til at fortsætte. I var med til at redde et liv.

Og endelig en helt særlig tak til det danske sundhedsvæsen og det politiske system, for at minde os om, hvor farligt det er at stole blindt på autoriteter. Jeres svigt, jeres forsinkelse og jeres manglende ansvarlighed blev det skub, der tvang os til at tage sagen i egen hånd. Det var ikke jeres indsats, der reddede os. Det var jeres fravær.

Tommy ønsker ligeledes at sige tak.

Tak til Poul, fordi du sagde: *"Jeg skulle være taget til Vogl først!"* Jeg bruger stadig din sms, når jeg deler kontaktoplysninger på vores ven Vogl.

Tak til Ragnar, Jakob, Gitte, Ulla, Stig, Mike, alle præsterne i Slagelse provsti. Venner i Sønderup, Nordrup og Gudum menighedsråd for bønner.

Til alle jer, der troede med os, og til dig, der læser nu: Tak. Du er en del af det mirakel, der voksede frem mellem os. Tak, fordi du tager dig tid til at læse med. ♥

Förord

"Skriv en bok som alla läser

Ge pengar till ett institut

Gör en sång som barnen sjunger

När terminen tagit'slut

Sy upp en kollektion med kläder

Ge ditt namn åt ett gevär

Va det extra i parfymen

Den som vackra kvinnor bär.

Vi kommer alltid att leva

Vi kommer aldrig att dö"

– Bo Kaspers Orkester

Da lægerne sagde, at min mand skulle dø, gik tiden i
stå. Alt blev stille. Kulden i lægens stemme.
Tomheden i rummet. Det rungende; *"der er intet at
gøre"*.

Men vi nægtede at tro, at det her var enden. Vi
nægtede at bøje hovedet og lade håbet dø. Noget i
os – mellem os – blev stærkere. Vi søgte, vi læste, vi
spurgte. Så skrev jeg en mail. Til en læge i Tyskland.
Det blev begyndelsen på det, vi i dag kalder et
mirakel.

Denne bog er vores historie. Den handler om
kærlighed, mod, rasende frustration og stædig tro.
Om at sige nej tak til det, alle sagde ja til, og ja til
noget, vi ikke vidste, hvor ville føre os hen.

Min mand er i dag kræftfri. Dette er ikke en eventyrbog. Det er en kampfortælling. Den er skrevet til dig, der kæmper. Dig, der elsker. Dig, der har mistet tilliden til det, der skulle beskytte. Og dig, der stadig tør håbe.

En slags begyndelse

Velkommen til cancer land. En stund, hvor vi tager et tilbageblik på en tid, der var en stor grød af følelser, smerte, frustrationer, undersøgelser, hårdt arbejde, indhentning af viden, diskussioner og overvejelser om livskvalitet.

Uanset om du læser med, fordi du selv har kræft, din ægtefælle har det, dine forældre, eller Gud forbyde det, dine børn har det, så tror jeg, at det vigtigste budskab med denne bog er, at man *kan* overleve uhelbredelig kræft. Er du blandt en enkelt dristig og modig politiker, eller en kompetent chef i sundhedsvæsenet der har fået fingre i denne bog så gælder det samme, for kun med jeres hjælp er det muligt at ændre.

For at kunne det, bliver man nødt til at forstå kræftens væsen. Man må blive ven med kræften, samtidig med, at man udsletter den. Man må fratage den dens vækstbetingelser.

Når jeg ser tilbage, var der en lang periode, hvor vores liv kun handlede om kræft. Vores samtaler handlede kun om kræft. Overvejelser om dit og dat. Hvad den og den læge havde sagt. Hvilke prøver, der ventede i morgen. Hvordan turene til Tyskland skulle planlægges. Hvad der skulle købes ind.

Jeg tror, det var dér, vi efter en lang og slidsom periode blev enige om at indføre noget, vi kaldte "kræft-tid", så vi fik tid til at huske at leve.

Selvfølgelig forsvandt det aldrig helt fra baghovedet. Det sad der hele tiden som en evig påmindelse om, at om lidt kunne det hele være forbi. Det er lidt paradoksalt. For man behøver jo ikke kræft for at forstå det eksistentielle grundvilkår: At uanset hvem du er, og hvor du er, lever du under betingelser, hvor det hele kan være slut på et øjeblik.

Men når man bliver præsenteret for en livstruende sygdom, bliver det mere synligt. Mere vedkommende. Mere gangbart. Manden med leen banker på.

Jeg er selv gået i dørken et par gange. Det er sådan én af de gange, hvor man ikke kan rumme mere, og hvor man meddeler, at man lige skal en tur i dørken – og spørger, om der er nogen, der skal have noget med.

Min egen frygt blev kaldt en belastningsreaktion. Senere er jeg blevet klogere på et relativt nyt begreb: *Ventesorg.* Jeg er fuldkommen overbevist om, at det var det, jeg oplevede. Når en nær pårørende bliver uafvendeligt syg, og det kun kan gå én vej, så begynder sorgen allerede dér at få fat i dig. For du bliver magtesløs. Magtesløshed er ikke nødvendigvis en dårlig ting. Det er for at citere Annika Aakjær, også en mulighed. Som hun siger: *"Når du ligger ned kan du se mere af himlen."* Lige præcis det

gjorde, da jeg lå der og så på himlen i min magtesløshed,
at jeg nægtede at vi skulle give op.

Kapitel 1

Gud, fuglelorte og
Gitte Hænning

Jeg har altid haft et lidt specielt forhold til Gud. Eller jeg ved ikke, om det er specielt. Det har været lidt Gitte Hænning-agtigt. Jeg taler med mig selv. Snakker med mig selv. Med mit bedre jeg.

Lige siden jeg var lille, har jeg haft indre dialoger kørende med *ham* eller *den* jeg kalder Gud. Min bedstemor lærte mig at bede aftenbøn, da jeg var ganske lille. Den kan jeg stadig.

Jeg ved, at jeg kan bede Gud om hvad som helst. Og jeg ved, at Herrens veje er uransagelige. Jeg tror på, at da Gud sagde, vi blev skabt i hans billede, så gav han os gaven: Gaven til at skabe. Gaven til at gøre en indsats for at fjerne sygdom. Gaven til at glædes. Og gaven til at elske både Gud og vores næste.

Gud er min ven. Der har været to gange i mit liv, hvor jeg har haft lyst til, eller ligefrem truet ham med, at fjerne ham fra min venneliste.

Første gang var, da min søn var 16 år og blev ramt af en ulykke, hvor hans lever og bugspytkirtel blev smadret. Han blev indlagt på Rigshospitalet. I tre-fire døgn vidste ingen, om han ville overleve. Det var et mirakel, at han gjorde.

Jeg husker, at vi kørte lige bag en ambulance med en læge og udstyr, der skulle sikre hans overlevelse. Han blev kørt direkte ind på traumecentret – det vækkede minder om TV-serien "Riget". Da man fandt ud af, at hans lever var flækket kun fire mm fra hovedpulsåren, og at bugspytkirtlen var knust, så fik jeg brug for en *rigtig* samtale med Gud.

Det var ikke en indre dialog. Jeg gik ud på rygepladsen. Ude ved buen. Satte mig på hug. Lagde mig ned på jorden og kiggede op i himlen, og råbte:

"Gud, er du der overhovedet? Kan du høre mig? Hvis du kan høre mig, vil jeg bare sige, at Tobias ikke er færdig her. Han har så meget, han skal nå. Og hvis du tager ham nu, så er vi to aldrig venner mere!" forbi passerende havde nok svært ved at få øje på at jeg var i gang med at praktisere Annika Aakjærs gode råd, men det tog jeg faktisk ingen notits af.

Anden gang jeg tog den samtale med Gud, var da Tommys kræft vendte tilbage. Da han fik sin dødsdom på Herlev Sygehus af en ung norsk læge med hestehale, som hverken havde evnerne, kompetencerne, fagligheden eller empatien til at uddele dødsdomme.

Det hænger sammen med en anden historie. Da Tommy fik sit embede her, foregik det lidt anderledes end en almindelig jobsamtale. Man tager ud og ser kirken og præsteboligen og har en uformel snak med menighedsrådet. Man sender en ansøgning, eller rettere, man ser sig kaldet.

Han fik embedet i 2020. Hvis man er gift med en præst, og der er bopælspligt, så følger man med. Her gjorde det ikke så meget. Det var nærmest et palæ. 400 m2, park-lignende have, kæmpe rododendron, en lille sø og smuk terrasse.

Den aften, vi var til prøveprædiken, sad jeg udenfor kirken på en bænk sammen med mine døtre og min svigerdatter. En fugl i træet ovenover havde åbenbart trang til at lette sig. Jeg fik en kæmpe fuglelort både på ryggen og brystet. Det var pinligt. Jeg gik hen mod toiletterne. Damerne fra menighedsrådet fnisede og sagde: *"Det betyder jo lykke."*

Da vi kom hjem fra samtalen med den norske hestehale, gik jeg over på den samme bænk. Jeg gentog igen og igen: *"Hvad er meningen med det her?"* Jeg bad Gud om et tegn. Jeg sagde, jeg ikke ville rejse mig, før han gav mig et.

Kort efter sked en fugl på mig. Igen. Jeg tror aldrig, jeg har været så lykkelig. Måske lige da jeg fødte mine børn. Men det der, det var også et fødselsøjeblik. Jeg var sikker på, at Gud ville fortælle mig, at alt nok skulle gå.

Jeg kom hjem, stadig med fuglelort på skjorten, og sagde euforisk: *"Se! En fugl har skidt på mig! Jeg har talt med Gud – og det skal nok gå alt sammen!"*

Men jeg kunne stadig kun se angst i Tommys øjne og et apostrof agtigt øjenbryn, som et tegn på en kone, der var på grænsen til at miste forstanden.

Det var der, jeg kort tid efter spurgte ham: *"Er du villig til at ændre på alt?"*

Tommy har lært mig, at man ikke behøver bruge så meget krudt på, om man tror på Gud. For Gud tror på dig. Og Gud hjælper dig, uanset om du kan se meningen eller ej.

Der sker mirakler hver dag. Og også det modsatte. Og det er dér, vi spørger os selv, hvordan Gud kan tillade det. Jeg tror ikke Gud tillader det, jeg tror det er overladt til mennesker, ansvaret og valgene er en dåbsgave.

Celler er som udgangspunkt udødelige. Det er sygdom, forurening, aldring, følelsesmæssigt slid og andet, der får dem til at mutere og skabe sygdom. Heriblandt kræft.

En gang sagde én til mig, at det kræver mange K'er at bekæmpe kræft: Kløgt. Kost. Kræfter. Klogskab. Kærlighed.

Og tid. Tid betyder alt. Det siger jeg både til dig og til
sundhedsvæsenet.
28

Der er ikke plads til snøleri og ventetid. Hellere i går end
i morgen. Der er plads til forbedring.

Kapitel 2

Før stormen.
(Eller efter). En
kammeratlig
samtale

Ditte: *"Vi har talt rigtig meget om, hvordan den her bog skulle begynde, og du har været meget optaget af det her med, begyndelsen. Er det noget du vil uddybe?"*

Tommy: *"Ja, jeg tror jeg har det fra Johannes Sløk. Der er nogen mennesker der bare begynder at skrive, og så er der nogen, der har den gode vane, lige at skrive, hvordan de er nået frem til den begyndelse. Alt har en begyndelse. Også denne bog."*

Ditte: *"Men det bliver omvendt jo også lidt langt, kan man sige. Hvis vi skal helt tilbage til dinosaurerne, Big Bang og er det der, det begynder?*

…(pause)

Kunne det ikke være fortællingen om dig og mig?"

Tommy: *"Jo."*

...*(Pause)*

Ditte: *"Vi mødte hinanden den 2. august, 2011."*

Tommy: *"Tak for hjælpen. Det er da en begyndelse.*

Jeg kan huske, vi tog i Tivoli til koncert med Joe Cocker, på første date. Han spillede to, næsten profetiske sange, som fik betydning for os. Min yndlingssang: "with a little help from my friends" og vist din yndlings: "You can leave your hat on." Så er vi i gang. Jeg husker det. Vi stod og sang."

Ditte: *"For mig handlede Joe Cocker sangen rigtig meget om, at man ikke er en ø, at man klarer ting, og at man kan komme nemmere gennem livet med friends."*

Tommy: *"Ja."*

Ditte: *"Det er en hyldest til venskabet. Det er jo også der,
jeg har følt at vores ægteskab har været stærkest, når
venskabet har fyldt mest. Altså når vi har været hinandens
venner.*

*Og det er interessant i forhold til det med begyndelser og
slutninger."*

Tommy: *"ja, helt enig*

…(Pause)

*Vi havde en forfatter på besøg til provstipræstemøde i dag.
Jeg kom i tanke om noget, så derfor spurgte jeg ham: "hvad
er din poetik?". Poetik handler om: hvorfor skriver du?
Hvad er det du vil med det du skriver? Jeg har det fra en
eller anden, der skrev om Leonard Cohen, og fandt hans
poetik, han skrev:*

"I'm guided by the signals in the heaven, I'm guided by the birth mark on my skin. I'm guided by the beauty of weapons" og altså han er guidet af noget til at skrive. Det gav mig en ide.

Hvad er vi egentlig guidede af?"

Ditte: "Måske alt det, når ens ægtefælle siger sådan og sådan, og man tænker "nå det gider jeg sgu ikke lige høre efter". Men så tænker du har jo forandret min tro på kristendommen markant. Jeg bliver nødt til at sige, vi er guidede af noget med tro, og det er fordi jeg altid godt har kunnet lide din teologi. Jeg har kunnet forene mig med din teologi, for vi kan jo stadig have forskellige teologiske opfattelser, eller hvad er Gud og hvem er Gud, og hvad kan Gud, og hvad kan vi, og alt det der. Men kristendommen kom først for alvor ind i mit hjerte, da jeg mødte dig, og lærte dig at kende. Det blev pludselig begribeligt og forståeligt og gav mening for mig, da du fortalte mig om dit syn på *kristendommen. Dåben gav mening for mig, og sådan tror jeg, du er som præst over for mange mennesker. Du formår at gøre kristendommen begribelig for dem. Det er noget særligt at være gift med kong Frederik, så er det vel også noget særligt at være gift med en præst.*

…(Pause)

Men det må jo være, tror jeg, en fælles tro på Gud, der har gjort, at vi også har skabt mirakler?"

Tommy: *"Hvordan? Er det noget fælles tro der har gjort det? Kunne det ikke have været to forskellige slags tro?"*

Ditte: *"Jo, det har jo også været det, det har været. Men i min verden kan man sige, for at kunne skabe et mirakel, så bliver man nødt til at tro på et mirakel."*

Tommy: *"Vi begyndte med "with a little help from my friends"."*

Ditte: *"Ja. Men venner skaber jo ikke nødvendigvis mirakler."*

Tommy: *"Jeg har da hørt, at fællesskaber kan skabe små mirakler."*

Ditte: *"Ja. Men det er ikke sikkert, man kan stoppe med at have kræft ved at have gode venner."*

Tommy: *"Nej. Men det interessante ved det er jo netop, at du siger, at hvis vi lægger det sammen til en fælles tro, så er det det, du mistænker, har været bagvedliggende, som noget, der har kunnet skabe resultaterne.*

Og det tænker jeg også.

…(Pause)

Jeg spurgte kun af nysgerrighed."

…(Pause)

Ditte: *"Men vi var jo fælles om den der styring og kontrol, vi måtte slippe, da vi troede du skulle dø og lade det være i Guds hænder. Det var vi jo fælles om."*

Tommy:… *"for vi havde jo ikke andre at lægge det i hænderne på. Ikke Herlev sygehus. De havde ligesom tabt mig på gulvet. …(Pause) Vi mistede troen på dem.*

Men vi gik jo også med vores mavefornemmelser, og vi gik jo også med hinanden.

Jeg spurgte dig: "hvad ville du gøre?" og så sagde du, at du ville gå, og så lagde jeg jo mit liv i dine hænder. Ligesom Løgstrup siger.

"Men du bestemmer jo selv." sagde lægen. *"kemo eller immunterapi?"*

Jeg skulle bestemme. Det fik mig til at tænde alle røde lamper. Det var mærkeligt, at jeg selv skulle bestemme noget, lige pludselig. Nu når jeg var meget syg."

Ditte: *"Du fik ikke nogen valgmuligheder, du fik én valgmulighed, der hed livsforlængende immunterapi."*

Tommy: *"Men fordi jeg spurgte kritisk ind til det, sagde de*

"Men du bestemmer jo selv." *og så havde jeg ingenting at vælge imellem. Og der spurgte jeg dig, hvad ville du gøre? Og så sagde du "Jeg ville gå!""*

Ditte: *"Hvad var det første jeg sagde?"*

Tommy: *"Det første var at du rendte rundt med telefonen, fordi der var nogen, der ringede til dig omkring noget med, at du havde søgt erstatning, samtidig."*

Ditte: *"Det var patienterstatningen, der ringede, mens vi sad og snakkede med overlægen inde fra Herlev, som jeg havde klaget over."*

Tommy: *"Det var også lidt meget på samme tid, men jeg kan ikke huske, hvad det første var du svarede. Men jeg kan i hvert fald huske det jeg har valgt at huske, at du sagde, at du ville gå."*

Ditte: ”*Jeg startede med at sige, at det ikke var et rimeligt spørgsmål at stille mig. Det var ikke den dag vi takkede nej. Vi har været derinde to gange. Det var først anden gang, da vi talte med overlægen. Så det er jo en helt anden historie om, hvordan vi som ægteskab sad der, i en rigtig udsat situation, fordi ægteskabet var ved at blive opløst ved det, at du om lidt ikke var her mere.*

syv måneder havde vi regnet ud. Hvorfor bliver du ved med at sige kemo, du kunne slet ikke blive tilbudt kemo?”

Tommy: ”*Jo*”

Ditte: ”*Nej.*”

Tommy: ”*Nå det kunne jeg ikke. Jeg kan ikke huske det.*”

Ditte: *"Du kunne vælge at få kemoterapi, hvis immunterapien ikke virkede."*

Tommy: *"Jamen jeg husker det ikke. Jeg husker bare, at det var mig, der pludselig skulle vælge ting."*

Ditte: *"…og derfor blev immunterapien lavet som første valg, og kemoterapien var lavet som andet valg."*

Tommy: *"vi gik?"*

Ditte: *"Ja!"*

Tommy: *"Okay."*

Ditte: *"det var nok der, jeg skulle have gået tilbage til hendes kontor, stukket hovedet ind og sagt: 'you can leave your hat on' …(griner) det er faktisk den eneste gang, jeg kunne have haft glæde af den sang…"* (blinker).

Kapitel 3

42

Adams æbler

Har du nogensinde set filmen *Adams Æbler?*
Sådan en mand har jeg.

For dig, der ikke har set filmen, så handler den om
tro. Det, som nogle ville kalde benægtelse. Det viser
sig, som et intenst fænomen. Præsten lider af en
uhelbredelig hjernetumor; og når hans tro svækkes,
forværres hans symptomer.

Sådan er det også lidt med Tommy.

Han havde haft fire sygedage i hele
sygdomsforløbet, som viste sig at være meget
længere og begyndte i 2018, selvom det først blev
opdaget i 2021.

I juni 2021 fik han besked fra sin læge om, at der
var fundet en tumor i leveren. Lægen beroligede

ham og sagde, at det blot var et godartet svulst. Vi åndede lettet op.

En læge fra et andet hospital besluttede dog, for en sikkerheds skyld, at starte et kræftpakkeforløb. Vores skuldre sænkede sig alligevel. Vi kunne fejre min datters bryllup i haven, ubekymrede. Men det varede kort.

Det viste sig ret hurtigt, at der var tale om en svulst, som med stor sandsynlighed var ondartet, altså kræft.

Selv det kunne ikke ændre på, at vi var håbefulde. Der blev talt om, at han kunne blive helbredt fuldstændigt ved en operation på Rigshospitalet den 7. september 2021.

Operationen varede seks timer. Det viste sig, at der var to svulster i venstre leverlap, og størstedelen af den måtte fjernes for at sikre sig, at man fik det hele med. Det kaldes en resektionsrand. Man fjerner lidt ekstra væv for at være sikker på at få al kræften med. Dette skulle have foregået den 6. september 2021 på Rigshospitalet. Han skulle af sted kl. halv seks om morgenen og blev hentet af min ældste datter, for vi skulle jo også sørge for min mindste datter.

Planen var så at vi skulle køre på Rigshospitalet og besøge ham, når han var færdig.

Tiden trak ud. Jeg gik rundt herhjemme som en løve i et bur eller en grønlænder i detentionen og ventede på at høre fra ham. Jeg hørte noget kl. halv fire om eftermiddagen. Han var ikke kommet på operationsbordet, fordi der havde været noget mere

akut. Han skulle derfor af med støttestrømperne,
hjem igen og prøve forfra dagen efter.

Det var på den ene side så brand invaderende og på
den anden side, så vidste vi også godt at der altid er
nogen der har været udsat for noget der er mere
alvorligt, når den slags sker.

Vi startede forfra med den samme procedure den 7.
sep. 2021. Vi gjorde os klar til at skulle ind og
besøge ham, vi vidste at operationen ville tage
omkring seks timer. Vi havde derfor god tid til at
gøre os klar.

Jeg var skrækslagen den dag. Jeg var bange for at
miste ham. Jeg var bange for at de fandt ting der

gjorde at operationen ikke kunne lykkes alligevel, og bange for at han ville blive sendt hjem igen. Bange for alt.

Jeg mærkede for alvor hvad det også vil sige at være præstefrue og statist i et embede, hvor alt ude i forhaven kommer før alt andet. Den dag var det en begravelse, som en af hans kollegaer skulle afholde for ham, i Sønderup kirke.

Hvilket vil sige at flaget var sat på halv. Da jeg så det, fik jeg lyst til at gå ud og hejse det, selvom jeg godt vidste at der lige nu var en anden familie der led.

Jeg besluttede mig for, at jeg ikke rigtig magtede at glo på det der flag på halv, så i stedet gik jeg af bagvejen, ned til den gamle parkeringsplads. Gennem skoven, mudder, krat og træer og lignede en mudderpøl eller en der lige var blevet fundet i junglen, da jeg kom ud derfra, bare for at undgå at gå forbi flaget på halv.

Der dukkede der et minde op på min Facebook side, som var fra en koncert han havde afholdt i en kirke hvor han spillede og sang min yndlingssang med Elton John der hedder "Your song". Det var ligesom om at tid og rum blev opløst, der i bilen på vej til Rigshospitalet. Jeg følte at han, selvom han var dybt bevidstløs og lå på operationsbordet og var under kniven, sang til mig for at trøste mig.

Da vi kom ind på Rigshospitalet lå han på en seksmands stue og underholdt alt og alle på *"Tommymåden"*. Vi havde taget nogle ting med til ham.

Et billede af os han kunne kigge på og nogle blomster. Vi prøvede at sidde og snakke lidt.

Jeg havde fået lov til at besøge ham allerede på opvågningen. Der havde de meget travlt med at komme af med ham, fordi han også prøvede at beskæftige alt og alle. Han fik både anæstesilæger og sygeplejersker til at rende rundt og lave de mest mærkelige opgaver. Løfte hans seng, sænke hans seng og høre om alle hans historier og anekdoter som præst.

Der kom en sygeplejerske ud og kiggede lidt indforstået på mig og sagde: *"Der går IKKE lang tid før din mand kommer tilbage på afdelingen"*.

Han virkede lidt små-manisk og forvirret pga. narkosen. Han lå også og snakkede om sine medpatienter som om de ikke kunne høre ham, det har vi grinet meget af siden.

Han lå og fortalte patient for patient hvad de fejlede og hvor alvorligt det stod til med dem og hvor lang tid han mente de havde igen.

Han havde jo fået forbud mod at ryge, men han ville så gerne ryge og selvom jeg var i branchen, så ville jeg så gerne opfylde hans ønske. Så hånd i hånd, som de banditter vi var, bad vi Tenna og Sally om at holde vagt, mens vi tog hinanden i hånden og sneg os ud af afdelingen med Tommy i kørestol oppe fra tolvte etage og ned til ryge-pavillonerne.

Ud i den friske luft og ud i verden. Der sad han så og kamp røg. Da han havde røget en cigaret, ville jeg gerne have han kom tilbage til afdelingen. Jeg sad jo trods alt med lidt af et ansvar med en mand, der lige havde fået fjernet en god luns af leveren.

Jeg syntes nok han var i mest sikre hænder inde på hospitalet, men han bad om en cigaret mere, og en

mere og jeg nød egentlig bare at sidde i hans arm.
Jeg håbede på at knuderne var væk og at alt nu var
godt, selvom jeg inderst inde godt vidste, at det var
en fed løgn.

Da vi kom tilbage igen, bestilte han alt fra hele
menukortet, det gør han hver gang han er på
hospitalet. Alt det vi andre krummer tæer over, det
er hans liv for kort til at tage hensyn til. Så hvorfor
ikke også smage en kransekage, når nu man kan få
en.

Vi tog hjem, det var svært at sige farvel til ham. Jeg
brugte det meste af natten på at ligge og spekulere
på hvordan det var gået, om de havde fået fjernet
det hele, om han ville klare det, om det var
overstået, og om det ville vende tilbage.

Næste dag fik han at vide at han var klar til at komme hjem. Det var lidt tidligt synes jeg.

Der kom en sød læge og forklarede os hvad de have foretaget sig. De fortalte også den lidt nedslående nyhed, som jeg hele tiden havde vidst, at han skulle til kontrol hver tredje måned resten af sit liv, at han aldrig kunne blive erklæret rask, for selvom de opererer og gør deres bedste, så er det de midler de har, fordi det vender tilbage hos otte ud af ti.

Lad os bare sige ti ud af ti, det gør ikke noget at nogen tror, i hver fald for en tid, at de var den der slap fri.

Kapitel 4

Dødsdommen

I december blev han scannet. Scanningen viste heldigvis intet mistænkeligt. Desværre var der nogen der glemte at rekvirere

kræftmarkøren, alfaføtoprotein, samt at se ham til klinisk kontrol. Det blev klaret med en telefonsamtale.

Jeg er efterhånden blevet noget af en ekspert i det protein og ved, at man ofte ser en stigning i alfaføtoprotein op til otte uger før, man kan se noget på en scanning.

Da han blev scannet igen i marts, var billedet desværre kaotisk og meget værre.
Hans alfaføtoprotein, som normalt skal ligge under ti, var steget til over 16.500, på under seks måneder, angivet som *"en krokodille-mund der vendte den forkerte vej"*, som Sally ville have sagt.

Der var svulster flere steder i leveren, én af dem
blokerede næsten for hovedpulsåren.

Det var et chok.

Vi vidste godt, hvad det betød. Jeg vidste det nok
lidt mere end Tommy. Jeg vidste, at det var stadium
fire kræft, hvor der kun er systemisk behandling
tilbage, altså enten en livsforlængende eller en
lindrende. En lidt anden virkelighed, kan man vist
godt sige med et mildt udtryk.

Operation blev hurtigt udelukket, både fordi der var
spredning i flere segmenter og fordi én af knuderne
lå så tæt på hovedpulsåren, at det ville være for
farligt at operere.

Der gik derefter lang tid med at undersøge andre
behandlingsmuligheder. Blandt andet SIRT-

behandling. Som er en type stråling, hvor partikler bliver fløjet ind fra Japan i en særlig blanding til patienten. Også dér blev han afvist. Flere muligheder blev undersøgt, taget op og afvist. Denne "undersøgelse" varede i flere måneder, og fremstod særdeles ineffektiv. Man afsøgte én mulighed ad gangen forskellige steder i landet, hvor materiale skulle sendes frem og tilbage og der skulle afholdes konferencer. Derefter kom der endnu et *"nej"* og så startede man forfra det næste sted herefter.

Jeg ved ikke om det er en lidt perfid, bevidst handling fra sundhedsvæsenets side, at man får lidt tid til at sluge sin dødsdom eller om det virkelig er så blottet for sund fornuft, når nu man ved at tid betyder noget for spredning og overlevelses chancer?

Kapitel 5

Strindberg dramet i den polske lufthavn

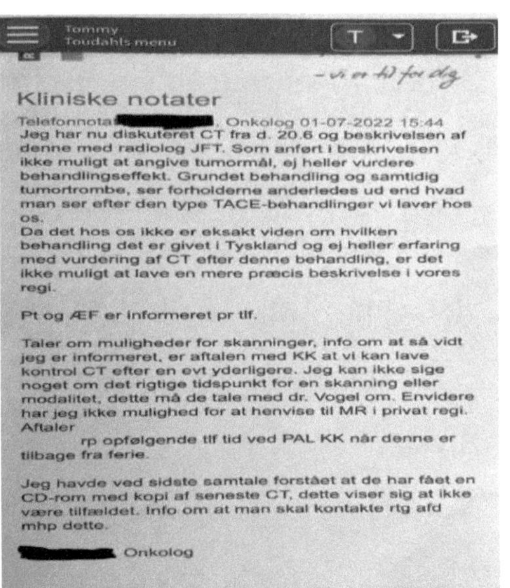

I begyndelsen af maj 2022 blev Tommy henvist til
"dødsdalen" i Herlev (onkologisk afdeling afsnit C).
Jeg vidste, hvad det betød. Han vidste det ikke.

Jeg husker, da vi kom derud.

Vi har begge en lidt sær humor. Måske for at kunne
holde det hele ud, gjorde vi lidt grin med scenariet.
Jeg kaldte det blandt andet "en polsk lufthavn".

Da vi endelig fandt Afsnit C, sad der en meget sur
skrankedame. CPR-maskinen virkede heller ikke.
Hun var faktisk så sur, at hun kastede papirerne ud
af buret, og Tommy måtte samle dem op fra gulvet.

Det var dér, vi begyndte at grine. Vi jokede med, at
hun nok ville bidrage bedre til verden ved at putte
tun på dåse.

Lægen, vi skulle tale med, var en ung, norsk hestehale. Hun gjorde sit bedste, men mange af vores spørgsmål kunne hun ikke svare på. Eller også turde hun ikke. Det var mig der måtte springe bomben, kigge på hende og på Tommy som om jeg var en slags konfronterende parterapeut, kigge hende i øjnene og spørge: *"ok, men kan du så fortælle mig, hvor mange der overlever denne behandling?"*.

"jarh det er jo inta manga." Norskede hun.

Jeg spurgte derefter, hvor længe han realistisk kunne forvente at have tilbage at leve i. det ønskede hun ikke at svare på (hvilket egentlig er forståeligt nok, hun er jo ikke spåkone) men de statistiske facts turde hun heller ikke smække på bordet. Jeg tror ikke hun var i auditoriet den dag, de blev undervist af lektor Blomme i *"den svære samtale"*.

Vi følte os forvirrede og efterladt med endnu flere spørgsmål, end da vi kom. Dette var jeg særdeles utilfreds med, hvorfor jeg henvendte mig til afdelingen. To overlæger fra to hospitaler talte herefter sammen og vi fik en ny tid.

Denne gang hos en mere autoritær overlæge. Hun var direkte, kølig, og ærlig. Hun vurderede, at han realistisk havde tre-seks måneder tilbage, men så heller ikke ud som en der havde en ubændig trang til at give en præcis tilbagemelding om hvornår kisten skulle bestilles til. Hun sad og verfede med noget der lignede udskrifter fra forsknings artikler på effekten på præparaterne, baibasuldedibab og mayasulvasam, eller noget i den stil, hver for sig eller i kombination. Det lød i hvert fald klamt.

Han blev tilbudt livsforlængende immunterapi. Gennemsnitlig overlevelse er 3,9 måneder. For mange, kun et par måneder. I de måneder kunne han så få behandling direkte i blodårerne på Herlev Hospital. Med stor risiko for voldsomme og alvorlige bivirkninger, men med en mulig virkning på 21% hos mænd.

Jeg rendte i øvrigt rundt ude på gangen, fordi jeg havde sat gang i en patientskade-sag, hvilket Tommy ikke havde trang til at holde hemmeligt overfor lægen *"hun snakker med patienterstatningen, hun har allerede klaget over jer"*, når jeg indimellem undskyldende og nikkende vendte tilbage til lokalet og sagde at jeg nok snart skulle komme tilbage. Da jeg endelig kom tilbage til lokalet, kiggede hun mistænksomt på os begge og spurgte: *"Optager I?"*. Det var først bagefter, at jeg fandt ud af, hvorfor hun stillede det spørgsmål. Selve patientskadesagen vender jeg tilbage til i et senere kapitel.

Overlægen ville vide, om han ønskede at sige ja til tilbuddet. Bivirkningerne var ikke småting, hun nævnte i flæng: blodpropper, blødninger, neurologiske forstyrrelser, risiko for at ende i kørestol... Som den første læge blev hun ved med at sige; *"Men du bestemmer jo selv!"*

Han så mere og mere bleg ud. Mere og mere opgivende.

Noget, jeg aldrig glemmer, var det blik, han sendte mig. Han så desperat på mig og sagde:
"Hvad ville du gøre?"

Jeg kiggede på ham og svarede, at det var verdens mest uretfærdige spørgsmål.

Han insisterede, køligt med ørepropper i: *"Men hvad ville du gøre, Ditte?"*

Jeg sagde: *"Vil du høre det ærlige svar?"*
"Ja tak."

Overlægen blev herefter degraderet til en lallende statist i et Strindberg-drama. Jeg svarede:
"Ved du, hvad jeg ville? Jeg ville tage mine papirer, min

taske og min kone og sige tak – men nej tak, til at bruge de sidste to måneder af mit liv i en kørestol i en polsk lufthavn og en hjerneblødning, så ville jeg hellere nyde den korte tid, jeg havde tilbage med dem, jeg elsker."

Det kan ikke beskrives, hvordan det føltes at træde ud fra onkologisk afdeling på Herlev.

Et sted, hvor selv personalet sidder med åben dør og griner højlydt af deres egne vittigheder, mens dødeligt syge mennesker sidder på rad og række i venteværelset og venter på deres dom. Tænk hvis det var omvendt? At de stakkels patienter sad og fnisede lidt over deres stinkende makrelmadder.

Vi kom ud i solen, tilbage til livet. Der var stille. Vi kørte lidt rundt. Forvirrede og chokerede havnede vi på McDonald's. Her sad vi så med hver vores Chili Cheese Tops og tårerne dryppende ned i maden. Jeg sagde: *"hvad vil du egentlig, brændes eller begraves?"*

Det danske system udviste ikke megen begejstring eller respekt for Tommys valg.

Det var ansvarligt nok, at de ikke ville blande sig i andre former for behandling. Men den modstand, vi mødte senere, var både usaglig og smålig. Grænsende til det absurde. Samtalen med overlægen sluttede med at hun skulle have den ledende overlæges tilladelse til at kontrolscanne Tommy, hvis vi nægtede behandling i Danmark, hun sammenlignede det med, at de jo havde en vis forpligtelse, også selvom man havde fået lavet silikone babser i Rumænien. Virkelig god sammenligning.

Vi fik tilsagn, men vi fik også den mest uduelige, tragikomiske scanningsbeskrivelse, jeg nogensinde har læst.

Radiologen skrev, at billederne ikke viste noget nævneværdigt, og at han i øvrigt ikke ønskede at udtale sig, da behandlingen ikke var foretaget "*i deres regi*".

Jeg råbte. Jeg klagede. Jeg protesterede. Men de holdt fast. *Se venligst onkolog notatet, på kapitel forsiden.*

Jeg begyndte at få angst. Angst for at miste ham, overtænkning, hysterisk opmærksomhedsforstyrret på små host, snot, diarre, hudkulør mm.

Siden har jeg hørt, det har fået et navn: *ventesorg.*

Kapitel 6

Engleskaren

AMYLASE;P		
Amylase;P U/L	29	
	25	120

= BASISK FOSFATASE;P		
Basisk fosfatase;P U/L	68	
	35	105

BASOFILOCYTTER;B	
Basofilocytter;B x 10E9/L	Værdi **0,0** Normalområde <0,1

CARCINOEMBRYONALT ANTIGEN;P		
Carcinoembryon alt antigen;P µg/L	1,6	
	0,0	5,0

= EGFR/1,73M²(CKD-EPI);NYRE	
eGFR / 1,73m² (CKD-EPI) mL/min1.73m2	Værdi >**90** Normalområde >**60**

EOSINOFILOCYTTER;B	
Eosinofilocytter; B x 10E9/L	Værdi **0,1** Normalområde <0,5

HÆMOGLOBIN;B		
Hæmoglobin;B mmol/L	9,2	
	8,3	10,5

= KALIUM;P		
Kalium;P mmol/L	4,3	
	3,5	4,6

= KREATININ;P		
Kreatinin;P µmol/L	63	
	60	105

LAKTATDEHYDROGENASE;P		
Laktatdehydrog enase [LDH];P U/L	190	
	105	205

LEUKOCYTTER;B		
Leukocytter;B x 10E9/L	7,5	
	3,5	8,8

LEUKOCYTTYPE GRUPPE;B	
Leukocyttype gruppe;B	Værdi **Gruppe**

= LYMFOCYTTER;B		
Lymfocytter;B x 10E9/L	3,3	
	1,3	3,5

= METAMYELO.+MYELO.+PROMYELOCYTTER;B	
Metamyelo.+Mye lo.+Promyelocyt ter;B x 10E9/L	Værdi **0,0** Normalområde <0,1

= MONOCYTTER;B		
Monocytter;B x 10E9/L	0,8	
	0,2	0,7

= NATRIUM;P		
Natrium;P mmol/L	138	
	137	145

= NEUTROFILOCYTTER (SEGMK.+STAVK.);B		
Neutrophilocytt er [segmk.+stavk.); B x 10E9/L	3,2	
	2,0	7,0

= TROMBOCYTTER;B		
Trombocytter;B x 10E9/L	219	
	145	390

Familien var også i chok.

Vi har begge voksne børn fra tidligere forhold – og så har vi vores lille efternøler, Sally. Hun var syv år dengang.

Vi fortalte hende, at far havde fået en alvorlig sygdom i leveren, men at lægerne gjorde deres bedste.

Fra den dag begyndte en proces, hvor jeg tror, hun helt instinktivt, begyndte at beskytte sig selv. Hun trak sig lidt væk fra ham. Henvendte sig mindre.

På min nethinde begyndte der at tegne sig billeder, jeg ikke kunne ryste af mig. Billeder af Tommys død. Af hans begravelse. Af vores datter ved kisten. Vores liv uden ham.

Sideløbende spillede jeg håbefuld. Klog. En af dem, der siger, at det hele nok skal gå.

Kræftens Bekæmpelse tilbød psykologsamtaler. Det var godt, tror jeg. For han viste ikke rigtig nogen reaktion, før vi sad der.

Han brød fuldstændig sammen. Mest fordi han var bange for at efterlade os. Det er vidst også det pæneste jeg har at sige om Kræftens Bekæmpelse.

Ovre ved kirken er bænken, jeg har siddet på mange gange. Første gang, jeg sad der, var også alvorlig.

Som nævnt tidligere, har jeg siden den dag, fuglen sked på mig anden gang ikke tvivlet på, at han ville overleve.

Jeg har arbejdet med kræft før og med alternative helbredelsesmuligheder. Jeg kendte til Claus Hancke, en dygtig læge med speciale i kost og kræft.

Vi prøvede at kontakte ham. Vi meldte os også ind i en forening, der hedder Tidslerne, en alternativ kræftforening.

Pudsigt nok havde de, få dage senere, et onlineforedrag med Claus Hancke. Man kunne stille spørgsmål.

Inden foredraget læste jeg ALT. Jeg søgte alt, hvad jeg kunne finde, forskning, artikler, erfaringer, behandlinger i udlandet.

Jeg stødte på noget i Japan, i USA og i Frankfurt, Tyskland. Lægen dér hed Thomas Vogl.

Til foredraget spurgte jeg Claus Hancke, hvad han mente om Vogl. Han sagde, at hvis man havde råd, var det en rigtig god idé.

Thomas Vogl lavede TACE-behandlinger, lokal kemoterapi sprøjtet direkte ind i svulsterne, og også såkaldt ablationsbehandling, hvor man opvarmer væske til 90 grader og sprøjter den direkte ind i knuden.

Han fortalte også, at hans tidligere klinik, nu lå i Søborg.

Vi ringede dertil og fik en tid.

Vi talte med en dygtig læge med mange års erfaring. Hun så forbløffende rolig ud. Det forstod jeg senere. Hun havde langt mere positive erfaringer end resten af det danske system.

Hun havde haft patienter med samme kræfttype, som levede videre. Nogle endda raskmeldt.

Hun tog sig tid. Hun forklarede det hele. Om kræft, om Tommy. Om faktorer, der kunne have spillet ind.

Og så spurgte hun, med nærmest de samme ord, jeg havde brugt tidligere:

"Er Tommy villig til at ændre på alt?"

Hun begyndte at tegne. Små cirkler. Kost. Søvn. Forurening. Bevægelse. Følelser. Vrede.

Så så hun alvorligt på ham og sagde:
"Du er meget vred på din mor."

Det var…. en sær oplevelse.

Hun lignede en læge. Hvid kittel, spinkel, lavmælt, men hun opførte sig som en blanding mellem en psykolog, en klog kone og en onkolog.

Vi havde ubetinget tillid til hende.

Hun forklarede på celleplan. Tegnede celler som krydser. Forklarede om telomerer. Hvordan de slides med årene. Hvordan mutationer opstår.

Hvordan immunforsvaret normalt fjerner kræftceller, men nogle gange mister overtaget.

Hun fik det ikke til at lyde som en dødsdom. Hun fik det til at lyde som en opgave.

Vi var stadig meget rundtossede da vi gik derfra.

At ændre på alt vil sige at man rydder sit hjem og sit hus for alle former for kemikalier, konserveringsmidler, hvidt sukker, opvaskemiddel, sæbe, shampoo, rengøringsmidler, madvarer, tager alt det u-økologiske og erstatter det med noget økologisk, køber 500 forskellige kosttilskud, der skal styrke immunforsvaret. Så laver man en kostplan der er sprængfyldt med alt der er godt imod kræft og så går man i gang med at hakke.

Jeg har fået sådan en slags hakke-had, jeg hader at hakke grøntsager, jeg har egentlig altid hadet at hakke grønsager, lidt ligesom at vente på en bus eller et tog der er forsinket. Jeg er et utålmodigt menneske, jeg synes det er spild af tid.

Jeg tror det var det år jeg fik en grønsagshakker af min mor i julegave, jeg lærte dog aldrig at samle den.

I et lille års tid tror jeg, at jeg stod i køkkenet fra morgen til kl. rigtig mange og lavede frisk presset bladselleri juice, friskpresset rødbede juice, frisk presset gulerodsjuice. Mest bladselleri, mest bladselleri fordi jeg havde hørt at det var det, der rensede kroppen og særligt leveren allermest.

Så det fik han rigtig meget af, han fik også så meget at han konstant gik rundt med lidt højt kalium, så

det skulle vi også lige finde lidt balance med, så fik
han masser af antioxidanter.

Antioxidanter er en sjov størrelse. Jeg har faktisk et
notat fra en læge, der beviser at hun enten ikke var
til stede i de to timers lektioner, medicinere har om
kost, vitaminer og mineraler, i hvert fald har hun
ikke lært hvad forskellen på antioxidanter og frie
radikaler er. Hun skrev i notatet, at Tommy indtog
frie radikaler. Det har vi faktisk grinet rigtig meget
af midt i hele tragedien jeg tror det er vores styrke.
Latter også af den sorte slags. Nå men jeg hakkede
og hakkede og hakkede.

Tommy har en rigtig dejlig læge. Han er en af de få
læger tilbage i Danmark der også er et menneske.
Han er en af dem er godt kan se at der nogle gange
er noget ragende galt i sundhedssystemet.

Der har været så mange engle med i den her historie. Niels er en af dem, jeg behøver ikke fortælle hans efternavn, han ved godt hvem han er. Det var ham der sørgede for alt det de andre, ikke ville. Alt det jeg forlangte som også gav god mening for Niels. Bl.a. derfor fik vi lov til allerede inden, behandlingerne i Frankfurt at få lov at tjekke hans immunstatus.

Det var en kæmpe motivation til at fortsætte. Vi kunne godt se, på hans prøver, at hans immunforsvar lå og kæmpede med et eller andet, som jo så var alt det her nye kræft der havde spredt sig.

Vi kunne også se, at allerede efter en måned, med ændret kost og ingen kemikalier og mærkelig tandpasta fra Helsam, og motion på en cykel og 47 forskellige kosttilskud, som var alt lige fra tarm bakterier til Q10 til store fede vitaminpiller, c-vitaminpulver i kæmpe doser, at hans immunforsvar lige pludselig var blevet normalt, allerede inden vi rejste ned til Vogl.

Jeg synes at hele den periode virker så surrealistisk at tænke på, fordi vi gjorde ting der næsten var umulige, vi gjorde ting der var fuldkommen uden for skiven og alligevel ramte vi plet.

At lave om på alt er et omfattende projekt. Det kræver, at alt, ja, virkelig alt, bliver ændret. Alt, hvad du tidligere har spist, drukket, smurt dig ind i, gjort rent med og så videre, skal udskiftes. Der renses ud, også i tankerne og følelserne.

Grunden til, at vi hurtigt købte ind på teorierne bag kost og kræft, var, at det gav så god mening. Vi blev enige om at gå i gang. Tommy tog det i sit eget tempo og på sin egen måde. For ham handlede det om at "*gøre kræften deprimeret*", som han sagde, at udsulte den, gøre den så deprimeret, at den ikke kunne komme ud af sengen om morgenen….

I mere faglig forstand handlede det om at styrke immunforsvaret. Vi ved nu, at hans immunforsvar i høj grad hjalp med at slå kræften ned.

Det hele startede til samtalen hos lægen på klinikken i Nordsjælland. Hun fortalte ham, at det første og vigtigste skridt var at undgå alle former for gift og kemikalier. I starten anede vi ikke, hvad det indebar, men vi vidste, det handlede om at fjerne alle unødige kemikalier. Alt, hvad han smurte sig ind i, vaskede sig i, tøj, rengøringsmidler, alt blev skiftet ud.

Vi købte et avanceret vandfilter, der fjerner langt størstedelen af de giftige stoffer, som desværre findes i selv det danske drikkevand. Du kan selv undersøge det via din kommunes vandværk, tallene er der sort på hvidt. Mange af de stoffer er godkendt, men overskrider sundhedsmæssige anbefalinger. Det er ikke småting man kan finde i drikkevand. Medicinrester, pesticider og så meget andet godt fra havet og jorden.

Alle de giftstoffer og tilsætningsstoffer, vi indtager, bliver til det, man kalder frie radikaler. De er ekstremt ustabile og hæfter sig til tilfældige celler i kroppen, og kan dermed fremme udviklingen af kræft. Derfor er antioxidanter så vigtige. De binder de frie radikaler og forhindrer, at de skader kroppens celler. Her begyndte vi at fokusere på at styrke kroppen med antioxidanter fra b.la. frugt og grønt.

Alt, der kom ind i huset, blev enten økologisk eller biodynamisk. Dog er mærkningen en jungle, så vi begyndte at læse varedeklarationer nøje. Grænseværdierne for, hvornår noget må kaldes økologisk, er ikke altid til forbrugerens fordel.

Kosten blev ændret radikalt. Hver morgen fik Tommy friskpresset bladsellerijuice, presset og serveret inden for otte minutter, fordi næringsstofferne ellers ilter og mister effekt. Det hævede hans kaliumtal, så vi justerede mængden med støtte fra lægen.

Dernæst lavede vi smoothies og juicer med blandt andet ingefær, gulerod og rødbede. Vi holdt det på maks. 0,5 liter juice om dagen, da højt indtag kan give ubalancer i mineralniveauerne.

Morgenmaden bestod typisk af økologisk havregrød med bær, nødder og frø. Alt med mættet fedt blev bandlyst, i stedet brugte vi små mængder koldpressede økologiske olier.

Frokost bestod ofte af store salater: kikærter, dampet broccoli, spinat, tomater, rødkål, hvidkål, nødder, purløg, blomster, alt økologisk. Resterne fra juiceproduktionen blev brugt i vegetariske bøffer, for eksempel rødbedebøffer.

Vi brugte næsten aldrig kød. Kun sjældent økologiske æg. Vi undgik sukker og brugte naturlige alternativer som birkesød. Selv is og desserter kunne vi lave, med de rette ingredienser.

Aftensmad lignede ofte frokost. Nogle gange suppleret med fisk, han fik især makrel i tomat og hjemmelavet hummus. Sort te og kaffe blev udskiftet med urteteer som gyldenris, mælkebøtte og Markussens universal te.

Vi undgik hvid pasta, hvidt brød og hvide ris. I stedet brugte vi fuldkorn, vilde ris og økologiske kartofler. Det blev hurtigt en ny normal.

Han stoppede med at ryge. Han begyndte at meditere og gik mange ture. Så sad han også og bimlede med nogle hellige klokker Han brugte plejeprodukter uden tilsætningsstoffer. Vores rengøring blev også ændret, vi brugte kun naturlige midler, uden parfume, kemikalier og tilsætningsstoffer.

Kosttilskud blev en fast del af hans dagligdag. Han fik Q10, selen, B-, C-, D- og E-vitamin. Især C-vitamin tog han i store doser, hvilket man roligt kan gøre, medmindre man har nyreproblemer. Han fik det i ascorbat pulver form, 10 gram pulver blandet i vand hver aften. Her skal man huske diarre-reglen, den er en indikator for hvor meget C-vitamin du kan tåle, så hvis du begynder at få diarre, skal du skrue ned for dosis og du kan eventuelt opstarte langsomt med en 500 mg tablet om dagen. C-vitamin er vandopløseligt og hjælper ofte på bivirkninger fra f.eks. kemoterapi, da denne også skaber frie radikaler. I små doser har den ingen direkte effekt på kræft, hvis man decideret ønsker at bekæmpe kræftceller med højdosis vitamin C, skal kroppen bruge over 50 gram om ugen for at danne et alkalisk miljø i blodet som kræft har svært ved at overleve i. I øvrigt gælder det med vitaminpiller at de skal være uden jern. Jern er guf for kræft.

Han fik også probiotika, Biotic Barrier 8 som hjalp på tarmflora og dermed immunforsvaret. Melatonin som angiveligt også virker kræfthæmmende, startende med tre tabletter af tre milligram dagligt, ved øgning bør det gøres i samarbejde med en læge. Det gav ham i øvrigt ro og styrkede restitutionen. Søvnen blev dybere, drømmene klare.

Vi kunne se forbedringer i blodprøverne. Fra unormale værdier til normale. De hvide blodlegemer også kaldet leukocytter, faldt fra 13,1 til 6 på under en måned.

Desværre blev kostændringerne ikke taget alvorligt af lægerne.

Immunforsvaret er kroppens egen chance for at tilintetgøre kræften. Det er logik, at det skal være stærkt, især under stress, sygdom, sorg eller efter operationer, når kroppen er sårbar, har kræft frit spil.

Kemoterapi er ofte nødvendig, men den dræber også raske celler. Derfor accepterede vi den tyske metode hos Dr. Vogl, hvor kemo gives direkte i svulsten. Det gav færre bivirkninger og bedre effekt. Han havde faktisk ingen bivirkninger.

Andre lande, som Tyskland og Israel, bruger allerede disse metoder. I Danmark halter vi bagefter. Men det ændrer ikke på, at netop den behandling reddede ham.

Vi har dokumenteret alt. Jeg håber, vores historie kan give dig håb. For jeg har set med egne øjne, hvad det betyder at tage ansvar og handle.

Det er aldrig for sent at begynde.

I slutningen af december husker jeg faktisk at, han blev dårlig. Han var hos lægen fordi han havde nogle mærkelige symptomer fra maven. Han havde også en lille smule feber, jeg var bekymret for at det havde noget med hans lever og kræft at gøre.

Lægen sendte ham hjem igen, hun mente det var et tilfælde af en slags maveforgiftning han hurtigt ville komme sig over. Kort tid efter var han til kontrol, og det var som jeg skrev tidligere, nogle fine scanningsbilleder og nogle blodprøver, der ikke var bestilt og som ikke blev taget. Den kvinde der skulle have bestilt de blodprøver, hende glemmer jeg aldrig. Nå men, vi springer lidt i tid her, jeg håber I kan følge med.

Kapitel 7

Dr. Vogl über alles

Via Tidslerne fik vi Thomas Vogls mail. Jeg skrev til ham, som om jeg skrev til Gud.

At han var vores sidste håb.

Han svarede inden for seks timer. Der var mange muligheder, skrev han. Han foreslog en konkret plan og gav os en tid den 27. maj 2022.

Dear Doctor Vogl

With my dear husbands allowance I am writing to
you, because he has

liver cancer with to or 3 tumors (all beyond 2 cm)
and possible satellite

tumors in his liver- but so far, not elsewhere. There
are tumor thrombosis

near both portal venes.

Last year he had and hepatectomy, but after 3
month it returned (exploded?)

All blood tests are almost normal, except from
alpha1 fetoprotein, which

is

16.500.

Except from this he looks like he is in good shape
and has No symptoms.

He is 63 years old, Working as a priest, and have
also had diabetes type

1

since 2000.

Doctors just recently excluded the possibility of

SIRT because It's in

both

sections of the liver.

My guess is that they now only Can offer him

general chemo therapy.

With my last hope and humility we are asking you if

there is anything you

Can do for him?

All the best regards

Tommy and Ditte Corfixen

Denmark

thanks for you email

in this situation we would recommend the follwoing
strategy

ad1 we would start with a transarterial
chemoperfusion TAPC und TACE
ad2 after 3 sessions we possilby could add a regional
ablative treatment

please send me the newest images on a cd and
reports

yours

thomas :j vogl

Første gang vi skulle til Frankfurt, var det i egen bil. Vi havde bestilt et hotelværelse i Tyskland i to dage, og der er alligevel et pænt stykke vej til Frankfurt. Tenna var med på den, hun er med på alt. Sally blev passet, af sin storesøster.

Den 26. maj om aftenen startede vi bilen første gang mod Frankfurt. På det tidspunkt havde jeg ingen, som i ingen, forhåbninger om at det ville hjælpe, selvom det minimum kostede 40.000 kr. pr. gang.

Jeg vidste bare at jeg skulle kunne sige til mig selv, når han døde af kræft i leveren, at vi havde gjort alt hvad vi kunne. Det var derfor jeg gjorde det. Når jeg tænker tilbage på turene er det helt absurd at vi overhovedet har overlevet det selv.

Nogle gange så var der så langt imellem
rastepladserne at jeg sad på hug på forsædet med
knæene på instrumentbrættet og tissede i en
termokop.

Vi hastede ind på et spisested og spiste det i bilen.
Da vi kom til Frankfurt efter ni timer, kunne vi ikke
finde hverken hoved eller hale i hospitalet og
parkeringspladser og parkeringsbilletter.

Inde på hospitalet kunne vi ikke finde Dr. Vogls
klinik. Der var Corona krise, men så var vi der bare
lige pludselig.

Det er sådan en sjov måde sundhedssystemet i
Tyskland er opbygget på. Jeg kan ikke rigtig finde
ud af hvordan. Jeg har egentlig heller aldrig haft tid
til at sætte mig ind i, hvordan det fungerer. Det
private spiller sammen med det offentlige i
modsætning til i Danmark altså, Vogls klinik ligger

på selve Frankfurt universitetshospital og han samarbejder med de almindelige afdelinger når f.eks. patienterne skal til opvågning.

Vogl er ikke nogen sådan fest fugl, han er en ældre herre, en mand af få ord, høj intelligens, men han bruger ikke sin tid på pjat. Selvom vi havde brugt enormt meget tid på at sende scanningsbilleder, billedbeskrivelser, journalnotater og blodprøvesvar og f***** og hans pumpestok til Tyskland med post, så var det noget ganske andet scannings udstyr dr. Vogl er udstyret med. Det får Danmark til at ligne det værste i Rumænien på en dårlig dag.

Så det startede med at Tommy blev 3D scannet og så kom vi i audiens hos Dr. Vogl. Jeg sad jo som den irriterende lille frue og havde 60 forskellige

spørgsmål, han i hvert fald ikke havde tænkt sig at
bruge tid på at svare på.

Han fortalte at det var nogle store knuder b.la. en
på otte cm og en på seks; og som han udtrykte det;
"en stjernehimmel" af metastaser. Han fortalte hvilke
segmenter af leveren der var ramt, han fortalte også
det vi godt vidste i forvejen at det der hedder
portåre systemet, er hvor hovedvenen går igennem
leveren, den var næsten tillukket pga. det man
kalder en tumor trombe. Det vil sige en slags
blodpropslignende ting, der blokerer mere eller
mindre for hovedåren og meget hurtigt kunne
risikere at blive det største problem.

Vogl var ikke særlig optimistisk.

Det er han måske aldrig. Det er ikke sådan ligefrem hans sind, der udstråler det. Han er mere sådan kulørløs professor type. Inde bag ved alt det, gemmer sig alligevel meget høj specialiseret viden. En meget avanceret humor og en meget kærlig og forstående indstilling til familier der kommer til ham fra Japan, Kina, Finland, England, Canada, Australien og ja, hele verden.

Han sagde til Tommy at han godt ville behandle ham. Han skulle ikke regne med noget, og han kunne ikke love ham noget, men han godt ville give det et skud, og se om han kunne få lidt længere tid at leve i.

Så det var det vi gjorde, eller han gjorde.

Igen står man der igen med åben mund og polypper, går ud til sekretæren. Spørger hvornår man skal komme tilbage og så siger hun, at man bare skal gå ud og shoppe i Frankfurt, og tage det roligt, og komme tilbage om nogle timer.

Det var nok det sidste jeg havde lyst til den dag at tage ud og shoppe i Frankfurt.

Alle de gange vi har været dernede, har vi været overladt til en græsplæne og nogle tilfældige tæpper eller dyner vi havde i bilen, en kiosk i nærheden hvor vi kunne få ti kopper kaffe og så bare vente på et opkald fra Tommy.

Første gang kom der et opkald fra sekretæren, at nu var han vågen. Vi måtte godt komme ind til ham på ventestuen. Han skulle op på en stue og ligge fuldstændig stille i to timer og så skulle han scannes igen så dr. Vogl kunne se at indsprøjtningerne lå hvor de skulle. Vi skulle blive i Frankfurt i et døgn og så kunne vi tage hjem bagefter.

Planen var at der skulle gå fire til fem uger mellem behandlingerne og der skulle minimum gå tre uger inden man kunne scannes.

Herlev skulle tage stilling til om de ville scanne ham; og ja, det var altså helt oppe på ledende overlæge niveau, om de ville kontrolscanne ham eller ej, nok fordi de har en eller anden modstand imod Vogl.

Filmen er knækket på et eller andet tidspunkt med den historie, jeg tror det var omkring 2010. Vogl var på forsiden af "Dagens Medicin" og har været i Danmark for at oplære personale i TACE-behandling. Måske en eller anden medicinal producent der har stukket en pind i hjulet, eller noget andet noget der er sket. Jeg ved ikke hvad det er, men pludselig blev han i Danmark stemplet som en uredelig forsker, og derfor kunne han ikke bruges. Der er noget der siger mig at medicinalindustrien har en finger med i spillet, særligt i forbindelse med immunterapien. Angående den uredelige forskning har jeg ladet mig fortælle, at han ikke ønsker at udføre kontrolgruppe-forsøg, af den simple årsag at kontrolgruppen med stor sandsynlighed dør. Det er altså det der bliver kaldt uredelig forskning. Derudover er han blevet kritiseret for, at han ikke inddeler sine patienter i b.la. aldersgrupper, mænd og kvinder.

En behandling hos Vogl koster 30.000 kr. og så selvfølgelig transport og hotel oveni. En behandling med livsforlængende immunterapi koster 55.000 kr.

Hvis en medicin kan forlænge livet med én måned, kan det som regel ikke blive godkendt af lægemiddelstyrelsen, men hvis der er tale om to måneder, så springer champagnepropperne også hos "Dagens Medicin".

Lige præcis når det vedrører dødsdømte, patienter som meget ofte er kræftpatienter, så giver det ikke nogen mening for mig, at pengene ikke får lov at følge patienten. Patienten bør, efter min mening, selv kunne vælge hvad der er bedst for dem i den sidste tid de er blevet givet.

Tilbage til Frankfurt. Vi skal tilbage til det magiske øjeblik vi genoplever hver gang vi hører Bo Kaspers orkester spille "vi kommer altid til at leve, vi kommer aldrig til at dø".

Vi hørte den første gang på vej hjem fra Frankfurt og den blev ligesom en maskot til en fodboldkamp eller et håbefuldt ritual. En sang der i den grad talte til os, talte om det vi gennemlevede og det der også gjorde at vi besluttede at skrive en bog.

Det vil du forstå når du læser teksten til orkesteret sang.

Da sangen var ved at være slut, der ringede telefonen fra Danmark.

Indtil da havde jeg været rimelig overbærende.

Der var sket mange fejl, der var sket mange "hovsa 'er". Der var sket meget uheldigt i Tommys sygdomsforløb. Jeg vidste også at hvor der handles der spildes, nu skulle vi fokusere på det positive.

Nu havde vi så ovenikøbet taget os den frækhed og tage sagen ud af hænderne på nogen og taget den i egen hånd.

Tommys telefon ringede, og det var hans gamle overlæge, fra Køge sygehus, der ville rådgive os om at tage til Frankfurt og få behandlinger hos Vogl. Det var jo lidt sent kan man sige, eftersom vi var på vej hjem, men vi havde i hvert fald valgt at spille med åbne kort og ikke holde det hemmeligt at Tommy blev behandlet i Tyskland.

Lægen var bestemt ikke fan, hun prøvede at være nøgtern eller også er hun bare så nøgtern at der slet ikke er noget menneske inde bagved.

Tommy sagde, da hun prøvede at ridse alvoren op for ham, at han godt vidste det var alvorligt og han godt vidste han skulle dø en dag, men det havde han ikke lyst til lige nu. Hun var jo på sådan noget Bluetooth i højtaleren i radioen i bilen, så vi kunne jo bedre end nogen anden høre hvad hun svarede ham og jeg citerer hende ordret:

*"Tommy, du er jo præst, du burde om nogen vide, at vi alle
sammen skal dø en dag"*

Det var der hvor filmen knækkede for mig... Jeg
kogte, som kun en grønlænder kan. Jeg fik lyst til at
stille hende et spørgsmål, som havde ligget og
brændt på min tunge og i min hjerne i rigtig lang tid,
og jeg formulerede det høfligt. Jeg sagde: *"Mens jeg
har dig, vil jeg gerne spørge om du kan besvare et lidt
prækært spørgsmål jeg har? Kan du fortælle mig, hvorfor
Tommy ikke fik målt sit alfaføtoprotein i december 2021 da
han skulle kontrol scannes og at det ellers af journalen
fremgår at det var blevet reciteret af en overlæge fra
Rigshospitalet?"*

"ja." svarede hun.

*"Det ved vi jo godt at vi skulle, men det kan vi jo ikke
græde over nu, nu skal vi videre."*

Så tænkte jeg, *"nu må vi se, hvem der kommer til at græde for nu, går jeg til patienterstatningen og giver jer alle sammen en over næsen og så lukker i jeres hovmodige, inkompetente mund."*

Næste gang vi skulle ned til Vogl var Tommy jo blevet "scannet" i Danmark i mellemtiden. Så var det jo godt at vi også havde Vogls 3D-scannere, for dem der står inde på Herlev, er faktisk heller ikke særligt gode, de kunne lige så godt bruge nogle spillemaskiner fra Bakken. Jeg tror de kunne vise nogenlunde det samme kvalitative billede af en lunge som de spillemaskiner derinde ville kunne.

Nede hos Vogl så det også godt ud, de målte og reagerede på de her scanningsbilleder. Allerede da Tommys lever kom op på scanningsskærmen inden han skulle have den næste omgang, der lavede Vogl, det der sejrstegn hvor han tog hånden i vejret og kørte den rundt, som om han lige havde vundet et rally.

De målte og de turde næsten ikke sige det højt, men de mente at de to største tumorer var reduceret væsentligt. Fra at ligne sådan nogle, jeg ved næsten ikke hvordan det skal forklares, men sådan nogle oppustede spærreballoner der var lige ved at sprænge, så lignede de mere, på de her billeder, nogle der var blevet punkteret og var ved at falde sammen.

Vi sad, som sædvanligt, ovre på græsset med vores tæpper og skulle have tiden til at gå. Vi sad bare og kamp røg og ventede i angst.

Så ringede han og græd af glæde og sagde at hans tumorer var reduceret med næsten 50%.

Jeg ved ikke engang, om jeg på det tidspunkt var "omvendt" eller hvad skal man sige. Jeg var stadig ikke overbevist om noget som helst. Jeg var stadigvæk hysterisk bange og stadig bange for om Vogl var en kvaksalver der bare sad og scorede milliarder på folks ulykker og bildte dem ind at de var ved at blive raske. Jeg var nok lidt småparanoid. Vi var alligevel ved godt mod da vi tog hjem.

Hans alfaføtoprotein var faldet yderligere. Det var faldet til 6.900, (tak Niels).

Der ringede jeg ind til hende der overlægen på Herlev onkologiske eller økologiske som vores mindste datter kaldte det, og spurgte hende om det slet ikke havde en vis interesse, faglig interesse for dem, at min mands alfa var faldet fra over 16.500 til 6.900?

"Joh det er da meget flot." svarede hun.

"Men har I ikke... er det ikke noget I har lyst til at undersøge nærmere?"

Dertil svarede hun: *"nej det var det faktisk ikke, for de her tal kunne jo godt ligge og svinge lidt meget op og ned."*

Så måtte jeg igen insistere og true med alverdens ulykker, de syv plager og patienterstatningen og så fik han lov til at få en ny scanning.

Scanningen viste både overraskende og ikke overraskende at Tommys kræft var i bedring.

Vi var igennem to behandlinger mere, i Frankfurt

og nu stod vi i den situation at tumorne ikke

længere var synlige og at hans alfaføtoprotein var

faldet til 440.

Kapitel 8

Et nyt slagtilbud fra Riget

Der var en rigtig sød og sympatisk professor inde
på Riget, der hedder Peter. Der faktisk købte min
argumentation for at Tommy kom på det der
hedder LPK-konference, leverpancreas konference,
med alle de dygtigste specialister på Rigshospitalet,
igen for at se om der nu var andre muligheder der
kunne tilbydes Tommy, fordi hans alfaføtoprotein
var styrtdykket og at Vogls scanninger viste en
voldsom reduktion af tumorer.

Peter medgiver at Vogls behandlinger har haft en
stor effekt og at man nu pga. det, helt
ekstraordinært i Danmark, kan tilbyde Tommy en
operation med henblik på fjernelse af blodprop ved
hovedvenen, da man mener den stadig kan
indeholde kræft og udgøre en risiko.

Derudover kan de heller ikke identificere nogen kræft eller metastaser i Tommys lever, det hele er simpelthen forsvundet ud i den blå luft.

Alfatallet ligger og svinger mellem 140, 250 og 110. Det går ikke ned og bliver helt normalt. Vi vidste ikke om vi skulle tage til Vogl. Vogl syntes vi skulle komme.

Vi vidste ikke om han skulle lade sig operere, Vogl advarede imod det, og sagde det var *"risky business"*, et risky sted at operere, at det var mere skånsomt at han behandlede tromben.

Jeg gik rundt med en helt egen, sær og helt ulogisk overbevisning om at kræften var fuldstændig forsvundet, og at det kun manglede at vise sig klinisk.

På et tidspunkt midt i alt det her, i sensommeren 2022 var hele familien på Kreta. Kort forinden vi rejste var der blevet lavet en scanning i Danmark, som viste at der ikke var mere kræft tilbage i Tommys lever, og der var blevet afsat en telefontid til ham som vi så måtte tage nede fra Kreta.

En eller anden fuldstændig ligegyldig vikar type ringede og sagde: *"Ja vi har jo set scanningerne og vi har jo besluttet at holde fast i, at tilbyde Tommy en operation."*

Så sagde jeg: *"Jamen hvad er det I egentlig gerne vil operere ham for? Jeres scanninger viser jo at der ikke er mere kræft".*

Så blev der lidt stille i røret og så sagde lægen med sådan lidt uforståelig accent: *"Nå ja, det kan jeg da egentlig godt se, så jeg vender lige tilbage."*

Han vendte tilbage med historien om at der stadig var en forsnævring i hovedvenen og at det var den de ville fjerne.

Vi snakkede om det og tænkte over det og rejste hjem. Jeg fandt mine tarot kort frem, hvilket jo var fuldstændig langt ude i hampen, når man tænker tilbage. Der var ikke nogen tvivl om hvad de tarot kort viste mig. Jeg tog et billede af dem og viste til Tommy, at kortene ikke indikerede at han skulle opereres.

Vi skulle fuldføre, den rejse vi var taget på, altså at få det afsluttet ordentligt med Vogl.

Derefter har jeg mange udvekslinger med Vogl.

Vogl mente at Tommy skulle komme, jeg mente vi skulle tage den lidt med ro og se hvad der skete, holde øje med hans scanninger og alfaføtoprotein.

Så skete der pludselig noget virkelig dejligt, mirakuløst og komisk fordi det var så ufatteligt.

Den 5. februar 2023 fik han målt sit alfatal igen. Han fik taget prøverne om morgenen, så blev den analyseret i Roskilde og så havde han svaret om aftenen. Den morgen fik han taget prøver på Kalundborg sundhedshus, og fik svar om aftenen.

Den var faldet til 5,5 og der var simpelthen ikke nogen af os der troede på det.

Vi prøvede derfor at få kontakt til hende vi i forvejen havde et direkte nummer til, på laboratoriet.

Hun sagde bekræftende at den var god nok.

Dagen efter ringede vi til den meget søde forløbskoordinator på Riget og sagde vi godt ville tale med Peter, fordi vi var lidt chokerede, positivt selvfølgelig, fordi hans alfa da sagde 5,5, det måtte Peter vel også syntes var interessant.

Vi blev i hvert fald ringet op af forløbskoordinatoren, der ringede nærmest lidt undskyldende på sundhedsvæsnet vegne og sagde at Peter syntes det var en rigtig god idé, hvis lige fik taget en ny prøve, fordi det sker altså engang imellem med 100 års mellemrum, at man får byttet rundt på nogle blodprøver. Det var det han mente der var sket i det her tilfælde.

Han ville sørge for at Tommy kunne få taget en ny blodprøve samme dag, så kunne de lige tales ved dagen efter.

Den nye blodprøve var så faldet til 4,4. og det er der aldrig rigtig nogen der har kunne forklare, heller ikke Peter. heller ikke Vogl. Heller ikke nogen andre. Måske kræver det heller ikke en forklaring.

Peter og scanningerne og blodprøverne erklærer faktisk derefter Tommy for kræftfri.

Peter sagde at de ville foretage en kontrol og hvis det så fredeligt ud, så ville de gå ned til, halvårlig kontrol, hvilket jeg tror er en sjældenhed.

Måske det er et mirakel, måske er det en del af løsningen til kræftgåden, at hvis der skal flere forskellige faktorer til at starte det op, så skal der måske også flere forskellige faktorer til at stoppe det igen.

Det er i hvert fald min overbevisning at dit immunforsvar, dit eget immunforsvar, er din bedste ven, når det drejer sig om bekæmpelse af kræft, derfor er det så vigtigt at dit immunforsvar kan hjælpe dig og ikke svække dig yderligere.

Kapitel 9

18 rykkere til sundhedsvæsenet fra Patienterstatningen

Jeg synes, at selve patienterstatningssagen er et kapitel for sig.

Da jeg skulle bruge sagen i forbindelse med bogen, bad vi om aktindsigt.

Vi fik tilsendt en hel flyttekasse med papirer. Jeg har gennemgået alt, også materiale jeg aldrig har set før.

Det, der springer mig mest i øjnene, er, at jeg sidder med ikke færre end 18 henvendelser fra Patienterstatningen til hospitalerne. Henvendelser, der alle er af anden rykkers grad altså rykkere, hvor de gentagne gange beder om at få udleveret det nødvendige materiale.

Det føles... usmageligt.

Og jeg ved ikke, om det bare er, fordi jeg er følelsesmæssigt involveret, at jeg betragter det som chikane, fordi vi har valgt at klage.
... Eller om det simpelthen er sådan, at de her mennesker bare har så travlt, at de i to måneder ikke har tid til at svare Patienterstatningen, selvom patienterstatningen i deres henvendelse til hospitalerne beder dem, betragte det som en hastesag, da patienten er alvorligt syg.

Men resultatet er det samme:
Sagen trækkes ud. Unødigt. Igen og igen.

Det mest rystende for mig var, at hverken
hospitalerne, Patienterstatningen, eller jeg selv,
undervejs havde opdaget, at Tommy allerede i 2019
fik lavet en CT-scanning.

På den scanning så man to små, hypervaskulære
forandringer i leveren.

Men intet skete.

Ingen læge reagerede. Han blev bare sluppet fri og
først et år efter skete der noget igen.

Derfor blev sagen sendt til vurdering hos en
røntgenspecialist.

Specialisten konkluderede, at den ansvarlige
fagperson burde have reageret anderledes, på
baggrund af både data, billedmateriale og den øgede
risiko Tommy havde for netop denne type kræft.

Vi fik medhold.

Den afgørelse er vedlagt, og i mine øjne er den et vidnesbyrd. Et bevis på, at det nogle gange går for stærkt i sundhedsvæsenet.

At der bliver begået fejl.

Fejl, som får fatale konsekvenser.

Ingen vidste, hvem der skal bestille blodprøver heller.

Og alle disse fejl heriblandt at han ikke fik målt sit alfatal, ved den først kontrol i december 2021 blev den største årsag til Tommys dødsdom.

I ét svar fra en læge står der ligefrem en direkte løgn om, at blodprøver var blevet bestilt.

Men jeg kan dokumentere, at det ikke passer.

Et tidligere notat fra Rigshospitalet viser, hvilke prøver der skal tages og hvornår:
Ved 3, 6, 9, 12, 18, 24, 36, 48 og 60 måneder.

De skal indeholde klinisk kontrol, hvilket de heller ikke har gjort.

Hun har ikke set patienten nogen af gangene. Hun har kun ringet.

Og kontrollen skal også inkludere relevante blodprøver og CT-scanning.

Jeg har fremstillet det så overskueligt som muligt. Jeg håber inderligt, at det efterlader stof til eftertanke.

Ikke kun hos dem, der læser med, men også i sundhedsvæsenet og i det politiske system.

For det her, det er også virkeligheden, når man behandler kræftpatienter i Danmark.

Til patienterstatningen
Kalvebod Brygge 45
1560 Kbh V.

Klage over behandlingsforløb i forbindelse med udredning og behandling af
heparcellulære carcinomer, for Tommy Toudahl Corfixen cpr nr.███████ Da min
mand er meget påvirket af situationen og ikke har de fornødne ressourcer til at
klage, skal jeg hermed gøre opmærksom på at jeg optræder som partsrepræsentant
for min mand.

Klagepunkterne forløber punktvis således:

Ad1:
I sommeren 2020 registrerer gas med amb Køge sygehus at min mands
alfaføtoprotein er stigende. Da man ikke finder noget suspicio på scanning henvises
min mand til urologisk udredning for at udelukke en evt testikelcancer. Dette
udelukkes.
Trods en viden om markant forhøjet risisko for udvikling af heparcellulært carcinom
hos patienter med hepatitis c og diabetes type ! (hvilke min mand har som
diagnoser) foretager man sig ikke yderligere før igen i juni 2021, hvor både en
scanning og alfaføtoprotein er suspekte og der indledes derfor et kræftpakkeforløb,
hvor min mand i første omgang for af vide at der nok bare er tale om et hæmagiom,
men nye scanninger og undersøgelser bekræfter desværre at der er tale om et eller
flere heparcellulære carcinomer. Efter LPK og MDT konference på rigshospitalet
besluttes det at tilbyde min mand en radikal løsning i form af en hepartektomi på
rigshospitalet. Hvorvidt perioden uden yderligere udredende tiltag fra Aug. 2020 til
Juni 2021, er rimelig og dermed kunne have ført til en bedre prognose ønsker vi at få
vurderet.

Ad 2 : På rigshospitalet informeres ut og min mand om at opereationen er forløbet
godt og at det er lykkes at fjerne to svulster i hhv segment 2 og 3 i leveren. Lægen
der informerer fortæller også at der desværre er tale om en kræftform som efter
operation fører til recidiv hos 8 ud af 10 patienter. Derfor bliver min mand tilbudt en
henvisning til Herlev onkologiske afdeling mhp at deltage i et forsøg (på daværende
tidspunkt uvist for os hvilket der er tale om)
I går ved samtale med læge fra Køge sygehus får vi så opklaret hvorfor vi endnu ikke
har hørt fra Herlev sygehus, trods flere henvendelser til Rigshospitalet der henviser
til at afvente og høre nærmere fra Herlev. Dette er aldrig sket. Dermed er der heller
ikke taget stilling til hvorvidt min mand skulle have været tilbudt andre

forebyggende tiltag. Det forstås på lægen ved telefonsamtale i går at han angiveligt
er afvist til forsøget pga "hjerteflimmer", og at lægen selv har udtrykt frustration
overfor sine kolleger i forhold til " hvem der havde bolden" (går ud fra hun referer
til en levende genstand- altså min mand!)
Ad 3.
I forbindelse med procedure for kontrol for recidiv henvises min mand af
rigshospitalet til opfølgning hver 3 måned resten af livet. Dette inkluderer
scanninger og blodprøver med cancerspecifikke markører, herunder alfa føto
protein. Min mand bliver godt nok scannet som planlagt i december 2021, hvor der
meget uspecifikt blot beskrives noget der kan betegnes som " følger af
leverresektion", men der bliver enten ikke taget, eller også tages der prøver fra en
forkert rekvisition, hvorfor alfa føtoprotein ikke kontrolleres, hvilket der heller ikke
iværksættes. Ved næste kontrol 25.03.2022 er der desværre sket en meget voldsom
udvikling / recidiv af min mands cancer i form af flere nye tumorer og metastaser,
samt et alfa føtoprotein med en værdi på over 16.500. Dette medfører at min mand
nu hverken kan tilbydes resektion, stråling, kemoembolisering eller SIRT manøvre, ej
heller levertransplantation, Hvorfor han nu udelukkende kan henvises en evt
livsforlængende immunterapi behandling på onkologisk i Herlev.
Det er vores helt klare indtryk at min mand kunne have haft langt bedre
overlevelsesmuligheder hvis retningslinjerne og henvisningerne var blevet fulgt og
derfor søger vi nu om erstatning for at hans helbred i utide er kommet unødvendigt i
fare og at han formentlig kan se ind i en langt tidligere død. Det kunne man have
undgået i vores øjne, ved at vise mere rettidig omhu.

På vegne af Tommy Toudahl Corfixen
Hustru Ditte Olivia Corfixen

Ditte Olivia Corfixen

30. september 2022
Sagsnummer ██████ og ██████
Sagsnummer bedes oplyst ved alle henvendelser

Vi anerkender skaden og tilkender erstatning

Patient: Tommy Toudahl Corfixen
CPR-nr.: ██████

22-████
Ansvarligt behandlingssted: Sjællands Universitetshospital
Anmeldt behandlingssted: Sjællands Universitetshospital - Køge

22-████
Ansvarligt behandlingssted: Rigshospitalet
Anmeldt behandlingssted: Rigshospitalet, Blegdamsvej

22-████
Ansvarligt behandlingssted: Herlev og Gentofte Hospital
Anmeldt behandlingssted: Herlev Hospital

22-████
Ansvarligt behandlingssted: Næstved, Slagelse og Ringsted Sygehuse
Anmeldt behandlingssted: Slagelse Sygehus og Næstved Sygehus

Patienterstatningen vender hermed tilbage til ansøgningen om erstatning efter lov om klage- og erstatningsadgang inden for sundhedsvæsenet (KEL).

Kapitel 10

Titanic 2

I forgårs tikkede der endnu et alfaføtoproteintal ind. Det gør der cirka en gang om måneden, på min foranledning. Jeg har diskuteret det protein med alverdens overlæger og kloge hoveder, og jeg bliver bare nødt til at sige, at jeg ved mere om det end de fleste af dem.

Derfor har de også accepteret, at Tommy får kontrolleret det tal én gang om måneden, så et eventuelt tilbagefald kan nå at blive grebet i tide. Det er vi selvfølgelig meget taknemmelige for.

Inden Tommy tog af sted til leveroperationen, havde han en fuldstændig normal puls og et velreguleret blodtryk. Pulsen lå i 60'erne og 70'erne jeg ved det, for jeg har ofte ligget i hans arm, og det

gjorde jeg også den nat, inden han skulle på
Rigshospitalet.

Da han kom hjem, havde vi malet en plade og sat
ude på gårdspladsen med flag og teksten:
"Velkommen hjem, far." Han kom hjem med
alverdens bandager, medicin og informationer, og vi
var egentlig bare trætte. Så vi lagde os for at få en
middagslur.

Jeg lagde mig igen i hans arm, og der kunne jeg
høre, at hans puls var blevet meget uregelmæssig. Vi
ringede til hospitalet. Det virkede ikke som om, det
bekymrede dem. Noget, vi skulle holde øje med og
så kunne vi eventuelt opsøge egen læge.

Det gjorde vi så. De tog et EKG. Han havde fået
noget smertestillende, og de var bange for, at det
måske var det, der havde udløst hjerterytmen, så
medicinen blev erstattet med noget andet. Han blev
henvist til en kardiolog, der mente, at det var noget,

han havde udviklet over flere år, på grund af lidt for højt blodtryk. Altså noget udu i højre hjertekammer.

Jeg troede ikke på den historie. Jeg troede mere på, at hans krop havde været udsat for så voldsom fysisk og psykisk stress i forbindelse med operationen, at det havde startet det. Det bliver vi aldrig helt afklarede omkring.

Det forløb, der har været med hjerteflimmer, har i realiteten været lige så grotesk som det med kræften bortset fra, at det ikke har været helt så alvorligt. Måske. Fordi han relativt hurtigt kom i blodfortyndende behandling. Det gør man som regel, når man har hjerteflimmer, fordi den største komplikation er risikoen for blodpropper.

Det har været meningen, at hans hjerte ad mange omgange skulle undersøges. Enten er der gået kuk i aftalerne, i undersøgelserne, eller også kunne de ikke gennemføres på grund af flimren. Han blev sat på betablokkere, også på min foranledning for at aflaste hjertet. Når jeg så spurgte ind til, hvordan det gik med undersøgelserne, var svaret, at det var sendt tilbage til egen læge. Som i øvrigt ikke ville røre ved det, ikke engang med en ildtang.

Man udskriver ikke hjertemedicin i praksis. Det er sådan, at man bliver tilknyttet et hjerteambulatorium. Der hører man til, indtil problemet er fikset, undersøgt tilstrækkeligt eller man har fundet en passende behandling. Min oplevelse er, at man får et spark bagi, og så må man ringe 112, hvis det brænder på. Det vil jeg nok nærmere kalde en tilknytningsforstyrrelse.

Sidste år var det tre år siden Tommy blev opereret. Det vil sige, at han i hvert fald har gået tre år mere eller mindre ubehandlet, bortset fra de få gange, hvor jeg har ringet 112, og han er blevet akut indlagt. Hvis han har set dårlig ud og haft en puls over 150, er han blevet digitaliseret eller DC-konverteret. Så har det virket et stykke tid, og så begyndte møllen forfra.

Som sagt, manglede der sidste år, en del undersøgelser. Én af dem var en KAG-undersøgelse. Han havde fået en tid hos en kardiolog på Næstved Sygehus, som bare snakkede lidt med ham og stillede nogle spørgsmål. På et tidspunkt sagde jeg:

"Nu har han været patient i tre år. Han har også været forbi det private et par gange, fordi I ikke kan overholde behandlingsgarantien. Hvornår er det, vi skal have lavet den der KAG-undersøgelse?"

"Ja, men jo, det giver da også god mening," sagde han så, og ville henvise.

Det blev så på Roskilde Sygehus, han skulle have lavet en KAG. Her går man ind og ser, hvordan karrene omkring hjertet har det. Der fandt man en forsnævring på 70 %. Han fik det, der hedder en PCI, altså en stentanlæggelse, for at sikre fuld passage. Overlægen sagde, at der ikke ville gå lang tid, før det kunne føre til en blodprop. Han mente dog ikke, det havde noget med flimren at gøre.

Han syntes, vi skulle kontakte hjerteambulatoriet igen. Det gjorde jeg så.

Jeg fik fat i en meget fortravlet og sur sekretær, der sagde, at de jo havde afsluttet ham, så han skulle kontakte egen læge. Jeg fik et af mine sædvanlige flip og sagde:

"Nu gider jeg ikke høre flere amatøragtige og umenneskelige bemærkninger. I skal finde en tid til ham, det har en kardiolog på Roskilde Sygehus bestemt. Og jeg gider ikke høre mere!"

"Jamen, er din mand da dårlig?" spurgte hun.

"*Alt er jo relativt,*" sagde jeg. "*Men han lever lige nu med ganske voldsomt flimmer.*"

Hun bladrede i kalenderen. "*Vi har desværre ikke nogen tider i lang tid.*"

"*Nå,*" sagde jeg. "*Så vil jeg gerne have, at du får en læge til at ringe til mig, for der må være nogen hos jer, der kan tage ansvar.*"

En time senere ringede en hovmodig herre til det hysteriske fruentimmer. Jeg fik nogenlunde den samme historie som af sekretæren, bare med myndig og irriterende accent.

Så sagde jeg: "*Ved du hvad? Nu gider jeg ikke høre flere julehistorier. Giv min mand en tid.*"

Det var september. Han sagde: "*Vi har ikke nogen tider i oktober eller november.*"

Så sagde jeg: *"Det er jo godt, vi har en behandlingsgaranti. Det er lidt dyrt at sende patienter videre til privathospitaler, som I i øvrigt ikke kommunikerer med, og som alligevel ikke kan give den nødvendige behandling. Men hvis du vil notere det, så sørger jeg for, at han får en tid på Hamlet.*

Jeg kan selvfølgelig også bare bede ham løbe et par gange rundt om huset, få lidt høj puls, blive dårlig, og så er han hos jer i løbet af en halv time med en ambulance, når jeg har ringet 112. Hvad vil du helst?"

Et par dage senere fik Tommy en indkaldelse i e-Boks.

Der er ved at blive taget stilling til, om han skal have en ablation, eller noget hjertemedicin. Det afhænger af, om han når at tabe sig nok til, at hans BMI gør det forsvarligt at brænde nogle af de nerveknuder i hjertet, der kan være med til at stoppe flimren.

Det er sørgeligt at se, hvordan man har opgivet en mand på snart 67 år. Jeg kunne måske forstå det, hvis han var 87...

Kapitel 11

Endnu en
kammeratlig samtale,
nu med afbrydelser,
Meryl Streep og
middagslure

Ditte: *"Jeg synes, du sagde sådan en god sætning lige før – det der med at ville gøre alt."*

Tommy: *"Jo, jeg synes bare, der var så meget der guidede... vi talte jo om, hvad det var, vi ville opnå med denne bog, og det var jo fordi, vi fortalte alle mennesker om det, men vi blev lidt trætte af at fortælle det. Og der var mange, der sagde: "Hvorfor skriver i ikke en bog om det?" For der er så mange lag i det, og folk spørger meget."*

Ditte: *"Eller fordi... nu gider vi faktisk ikke høre mere om det." (griner)*

Tommy: *"Nej, nu var det nemmere at skrive en bog om det. Og det interessante ved det er jo så: hvad var det, der var de styrende principper for mig? For jeg går jo altid efter sådan noget telos – altså, når jeg siger noget, handler det også om, hvor ender det henne? Hvad er målet?*

Så der var et mål med det at skrive en bog. For det første blev vi opfordret til det, fordi folk havde stor interesse. Og så fik vi det skrevet ned. Og så ville vi gerne lave det på en ordentlig måde – så det blev formidlet og kommunikeret på en god måde. Og så kommer man også til at tænke på – og det har du jo også oplevet – at når man så har skrevet det, lærer man noget af det. Ny viden, noget man ikke vidste i forvejen.

Og det, jeg ikke vidste, var, hvor vigtigt det er, at man har sådan nogle hellige statements. Jeg fandt: "Hvad vil du gøre? Vil du gøre alt?" var et styrende princip.

Jeg har kunne bruge både kristendom, forskere, clairvoyante, buddhisme, alt og alle, hvis jeg havde en fornemmelse af, at det kunne hjælpe. Jeg var villig til at prøve. Jeg overgav mig.

Jeg fortalte min strategi til en PHD forsker i går – han hedder Martin – og jeg sagde: "Min tilgang var at knække koden og finde ind til hvordan man kommunikerer med en lever? Hvordan får jeg sagt til min lever: 'Nu skal du holde op med den fest i har gang i. Den udvikling, der var en negativ vækst – det eksploderede – men jeg ville gerne have, det skulle gå i stå. Det lykkedes med medicin, melatonin – jeg sov meget.

Jeg fik simpelthen kroppen til at gå i stå. Det var meget afgørende, tror jeg."

Ditte: *"Jeg har også skrevet i bogen, hvor meget du sov, når du kom hjem fra behandlinger. Det var jo næsten 20 timer i døgnet, du sov."*

Tommy: *"Jeg sov meget. Jeg havde to middagslure i den periode."*

Ditte: *"Og det var egentlig den eneste bivirkning, jeg oplevede. Og jeg ved ikke engang, om man kan kalde det en bivirkning. Det kan også være en helingsproces. Celler regenererer jo, når man sover."*

Tommy: "Søvn var meget afgørende, men noget andet var, at *jeg fik talt med min lever, og vi blev enige om, at nu stopper det der raveparty. Jeg tror cellerne faldt i søvn. Måske gik de i dvale."*

Ditte: *"Du må spørge en lille afrikansk dreng, der var med i 'Mit Afrika', hvis ben var gået i infektion — og hvad hed hun?"*

Tommy: *"Karen Blixen."*

Ditte: *"Ja, men hende der spillede hende?"*

Tommy: *"Meryl Streep."*

Ditte: *"Hun stod og kiggede på ham og ville have ham til lægen og behandles, og det var de jo slet ikke vant til. Og så sagde han: "I will talk to this leg!" Det er jo egentlig en kropslig og medicinsk visdom – det der med at kommunikere med sine organer."*

Tommy: *"Jamen, det sagde jeg jo også. Jeg troede på den forskning, jeg havde hørt om fra Aarhus, den hvor man måtte lave det hele om. Man havde overset, at celler har en kontekst. Alle forsøg blev lavet i små plastik kasser. Det er jo ikke ligegyldigt om celler bor i næsen eller i benet. Celler kommunikerer jo ud fra det sted, de er i kroppen. Kommunikerer med de andre celler. Jeg talte med en meget anerkendt healer og clairvoyante om det. Han var enig. Han sagde, at det også var det han arbejdede med: hvordan kommunikerer man med det her?*

Jeg vidste fra Hegel, at det kunne blive svært. Naturen er dum. Man kan jo spørge en græsplæne, hvad den synes – og den siger aldrig noget. Det var et problem. Naturen lever, og den udvikler sig, og den har altid i gang med noget. Så hvis jeg skal stoppe det noget, så er jeg nødt til at kommunikere med det. En lever er altså temmelig dum – den siger ikke rigtig noget. Vi talte om at komme ned dens niveau og fx sige: "Det er okay, vi har gang i noget – men nu skal du lægge dig til at sove." Det var som at tale til et lille barn.

Jeg talte også med min teolog ven Stig fra Aarhus om noget lydterapi. Han ved en masse om skåleterapi. Der er en tysker, der er meget dygtig til det. Jeg kunne mærke, at der skete noget inde i mig. Resonanser og toner havde en god beroligende effekt.

Det var virkelig en god vej at gå – at tale med min lever og få det til at gå i stå. Jeg gav min kræft depression. Den ikke kunne komme op om morgenen.

Jeg var villig til at gøre alt. Jeg ved at gode kollegaer bad for mig. Jeg bad med tårer og fortvivlelse. Uden filter. Ærligt.

Du hjalp. Jeg rakte ud og du sendte en SMS. Hvis du har det svært med Fader vor og ske din vilje, så prøv med: Gud, styrk mit immunforsvar. Samme dag græd jeg med fortvivlelse og ændrede til Jesu i Gethsemane have: "Abba, styrk mit immunforsvar"

Jeg ved mine kollegaer og alle jeg kender bad for mig.

Så konteksten blev virkelig anderledes. Hele konteksten. Det var en massiv oprustning.

Det har ikke været særligt sjovt at være en kræftcelle i min krop på det tidspunkt. Det var det virkelig ikke. Man var jagtet vildt. Jeg frustrerede optimalt uden at skabe desperation, som Kohut ville have gjort. Kræftcellerne blev ikke sure — de faldt bare i søvn.

At være villig til alt blev til at være så tæt på Gud som muligt. Så ærlig og autentisk så muligt.

Det var gældende for alting, men særligt høj grad kosten. Jeg kunne se det, når jeg handlede. Jeg skulle kun indtage noget, der kom så tæt på Gud som muligt. Så originalt som muligt. Vi var ved at knække en livsfarlig fjende"

Ditte: *"Altså, mit eget syn på kræft har ændret sig fuldstændigt efter det, vi har været igennem. Jeg så på kræft på en helt anden måde inden du fik kræft. Jeg tror, det var lægen fra privatklinikken, der var med til at ændre mit syn — altså netop det her med, at det var ondt og uhelbredeligt, og at man havde tabt på forhånd, og særligt, at det var en forfærdelig sygdom. I hendes verden — den måde, hun forklarede celler på — der var det meget mere enkelt at vinde over kræft. Altså, du har den her celle, og den gør sådan og sådan, og så har du de her midler at arbejde med, og de gør sådan og sådan — og så har du faktisk mulighed for at overvinde kræft. Hun sad jo også med dine papirer fra hospitalet, hvor der stod, at du døde lige om lidt. Hun var overhovedet ikke imponeret — eller noget som helst andet. Vi sad jo begge to og syntes, at det var meget kompliceret og meget forfærdeligt og dit og dat."*

Tommy: *"Hun kom jo med en meget enkel konklusion: hvad det var, jeg skulle gøre, ikke? Hun sagde: "No toxic. Jeg taler om den shampoo og den tandpasta du bruger. Ingen tal ingen numre på"* … *Hun talte i øvrigt også om min mor og vrede – det talte hun faktisk om først, men det arbejder jeg også med."*

Ditte: *"Men det gav bare så meget mening, det hun sagde om kræft. Hendes syn på kræft…"*

Tommy: *"Jeg havde ikke den forforståelse, du havde om kræft, så det gjorde ikke noget ved mig, at hun sagde det der."*

Ditte: *"Nej, men det var også nyt for mig, at vi havde – eller at vi har – kræftceller hver dag, som immunforsvaret bare udsletter, fordi de genkender dem. Fordi vi så har muteret de, og når immunforsvaret bliver så svagt, så er det dér, kræftcellerne får mulighed for at samle sig og dele sig. Og de deler sig med lynets hast. Så har man pludselig – ligesom når et menneske bliver dannet – én celle, der bliver til to, der bliver til fire, der bliver til otte, der bliver til 16, der bliver til 32…Eksponentiel vækst."*

Tommy: *"Ja, det er vel derfor, de har immunterapi – man booster immunforsvaret. Vi blev nødt til at få mit immunforsvar op at stå. Og det var det, jeg bad Gud om. Og det var dét, der skete, da jeg stod på det hellige bjerg her i Sønderup og talte med Gud og var fortvivlet og græd."*

Ditte: *"Men det skete også en lille smule hjemme i køkkenet."*

Tommy: *"Ja – alt, hvad vi gjorde. Men den åndelige healing var også vigtig. For jeg fik Guds hjælp, og jeg troede på, at jeg fik Guds hjælp. Og så var Vogl med, og Ditte var med, og alt var med. Og vi valgte rigtigt hele tiden i forhold til læger – og vi vidste, at det var os, der skulle vælge hele tiden. Ikke dem."*

Ditte: *"Når jeg tænker tilbage, er det sådan nogle afgørende valg, vi har truffet – og de var alle sammen rigtige. Havde vi truffet ét forkert valg… Jeg har siddet og leget "skal, skal ikke"-blomster nede i Tyskland. Jeg har været ovre på bænken og snakket med Gud og bedt om et tegn. Altså, jeg mener – der er jo ikke noget som helst validt i det. Og selv Vogl har vi sagt imod, selv*

Rigshospitalet har vi sagt imod. Vi sagde nej tak til deres tilbud anden gang."

Tommy: *"Jeg synes heller ikke, første gang gik så godt."*

Ditte: *"Nej, det gjorde den jo så heller ikke. Men anden gang var jo noget mere stille og rolig – en lille trombe, der skulle fjernes – og det syntes vi jo også var det mest fornuftige."*

Tommy: *"Det syntes Vogl ikke."*

Ditte: *"Nej, det syntes Vogl ikke. Og jeg kunne også godt se det – jeg var jo kampangst for, at de skulle ind og rode i nærheden af din hovedpulsåre, med tanke på at de er ligeglade med, om operationen lykkes. Og så bare høre Vogl sige: "It's risky business" og "Kom herned til mig i stedet for.""*

Tommy: *"Han sagde også: "Når de så skærer dig derinde, og du så får metastaser i lungerne og kræft i lungerne – synes du så, det lyder som en god idé?" (griner) Ha! Nej, det synes jeg godt nok ikke. Altså, det bliver jeg nødt til at sige – han har nok det bedste* *evidensmateriale i verden i forhold til at vide, hvad der sker, for han følger kritiske patienter i en ekstrem høj grad."*

Ditte: *"Ja, hele verden prøver faktisk at eksperimentere med at undgå operationer, fordi de er begyndt at lugte lunten. Operationer er jo slet ikke uden risiko…"*

Tommy: *"Ja, det skaber en helt forkert negativ og sikkert kræftfremkaldende udvikling i kroppen."*

Ditte: *"Jamen, det er jo det, lægen fra privatklinikken forklarede — om telomerer for enden af cellerne, der tiltrækker alt, både negativt og positivt."*

Tommy: *"Det snakkede Martin også om — som sådan nogle snørebånd, der hele tiden udvikler sig."*

Kapitel 12

En nødvendig udånding

Sidste år i marts måned var der noget, der kiggede forbi. Jeg tror, det var en blanding af udmattelse og det punkt, hvor et ægteskab bliver til alt muligt andet end et ægteskab. Hvor man ikke har fået bearbejdet det, man selv har oplevet og været igennem sammen.

Det endte med, at jeg besluttede mig for at forlade præstegården. Jeg kunne ikke mere. Tommy kunne ikke mere. Sally kunne heller ikke mere.

Vi flyttede herfra i april. Det var både forfærdeligt, og på en eller anden måde også et nederlag. Et halvt år før et planlagt kobberbryllup. Et kobberbryllup, der ellers, i forbindelse med Tommys diagnose i 2021, så ud til at være aflyst.

Derfor besluttede vi os i stedet for at blive kirkeligt velsignet og holde en fest, da vi havde været gift i ti år. Fordi ingen af os på det tidspunkt troede, vi ville nå til kobberbrylluppet. Og nu stod vi i den

mærkelige situation, at vi faktisk *kunne* holde det,
men vi *kunne* ikke. Vi havde ikke kræfterne.

Der har været dage i fosterstilling. Der har været
helt absurde ting, man skulle give slip på. Men
under alle omstændigheder, nødvendigheder.
Forholdet havde udviklet sig til, at jeg var hans
sygeplejerske, advokat, partsrepræsentant, pitbull
terrier og konstant hyper opmærksom på hans
helbred. Det var opslidende og udmattende for os
begge.

Vi har haft et år hver for sig, og alligevel sammen.
Fordi vi har haft Sally. Vi har talt om, om vi kunne
have en slags forhold, og vi har afprøvet og
afmonteret 47 variationer over et tema, som ikke
rigtig lykkedes.

Vi har begge udviklet os meget i det år. Så selvom
det gjorde ondt, og selvom livet virkede
meningsløst, og selvom jeg havde svært ved at finde

mine ben og tro på en fremtid, så var der også små lyspunkter her og der.

I dag sidder jeg tilbage i præstegården. Jeg er flyttet hjem igen. Jeg sidder og kigger på den samme solopgang. Men jeg kigger også på en forandret mand. En forandret kvinde. Og et forandret barn.

Hun er slet ikke helt barn mere. Hun er fuld fart i gang med at blive en ung dame med mange talenter, og er også et rigtigt familiemenneske, som har været igennem lidt af hvert. Jeg tror, eller bilder mig selv ind, at det har styrket hende også.

Planen med denne bog, for mig, er, at jeg håber, den vil give patienter og deres pårørende håb og mod til at mærke efter og lytte til, hvad der føles rigtigt for dem. At der vil danne sig netværk og foreninger, foreninger ligesom Kræftforeningen Tidslerne, for eksempel.

Det er også min pligt, synes jeg at fortælle, at kræft, selv kompliceret eller udbredt kræft med dårlige prognoser, ikke nødvendigvis er en dødsdom. Men der ligger også en uretfærdighed i det, som vi som samfund bør tage alvorligt. For disse diagnoser og chancer for overlevelse er ikke for de svage. Ikke for dem uden økonomiske midler. Uden stærke pårørende. Uden et stort netværk. Uden viden. Uden mulige partsrepræsentanter. Advokater. Privat kok. Og så videre.

Jeg synes, det er noget, vores sundhedssystem burde kunne levere, måske i samarbejde med Kræftens Bekæmpelse. Når man tænker på deres store overskud, som blandt andet går til aktier.

Jeg ved, at vores tro på Gud og vores tro på mirakler, vores tillid til, at vi kunne bede om hjælp, har været med os hele vejen. Det kan ikke undervurderes.

Vi er i det tredje år nu. Lige om lidt er der gået 2,5 år med et alfatal på under 1,66. Jeg tror på, at folk har kunnet forlænge livet med leverkræft. Jeg ved også, at Vogl har haft andre leverkræftpatienter, som han har givet nogle gode år at leve i. Men jeg tror ikke, der findes et tilfælde som Tommys, hvor man sort på hvidt, eller gråt, eller hvad det nu er, man ser det i, oppe på lystavlen ved scanningen – har set en helbredt lever, hvis der gør, så ring endelig til mig.

Som der står i alle notater: man kan selvfølgelig se følger af behandlingen. Man kan se, at der mangler noget af venstre leverlap. Man kan se, at TACE-behandlingerne har haft deres effekt. Men man kan også se en lever, der er fri for kræft. Og som ikke har spredt sig.

Jeg havde næsten lyst til at sige: *"Gud bevare Danmark."* Eller: *"Bevar mig vel."* Eller: *"Bevar ham vel."*

Men som jeg sagde til ham en dag, hvor vi var ude at køre til Frankfurt, til behandling, eller hvad det nu var, så tog jeg hans hånd og sagde:

"Bare rolig. Jeg er ikke vant til at tabe."

Vi efterlader vores kontaktoplysninger. Hvis du er i vildrede og har fået en dødsdom som kræftpatient, så er du velkommen til at kontakte Tommy. Han er kontaktperson hos Tidslerne.

Jeg vil gerne afslutte med en sætning, jeg skrev, da Tommy blev ramt af kræft.

Der findes et latinsk udtryk: *memento mori* – det betyder: "*Husk, at du skal dø.*"

Jeg tilføjede:

"Indtil da – skal du huske at leve."

Kapitel 13

Præstens epilog

Er du villig til alt? Spurgte du mig på onkologisk afdeling: Ja! Svarede jeg. Spontant og selvsikkert.

Jeg har altid vidst, at jeg skulle prøve alt. Jeg kommer ikke til at dø nysgerrig. Den grænse er for længst overskredet.

Jeg har tillid til Ditte, som jeg har det til Gud. Stærk i troen. Stærk i kærligheden. Det var mere håbet, fremtiden, det håb de tog fra mig, som sløredes.

Jeg forstod ikke håbløshedens ord og sprog.

En overlæge sagde til mig: *"Du er da præst. Det kan da ikke komme som en overraskelse, at du skal dø."* Og det gjorde det heller ikke. Jeg syntes bare ikke det skulle være lige nu.

Sally var syv. Vi var lige flyttet til Slagelse og havde fået ny flot præstegård med et godt fast embede og et drømmejob med planlagte 10 år. Jeg elsker min hustru og mit liv. Det var så ubelejligt, så u-timet og uretfærdigt.

At dø, kan jeg sagtens acceptere, men ikke uden kamp.

Jeg er, det nogen nok vil kalde, stærk i min tro. Det har altid været sådan. Jeg ved ikke, hvordan det er ikke at tro. Jeg har længe kendt styrken gemt i magtesløsheden, den som Paulus skriver om i 2. Korintherbrev 12. Jeg ved, at jeg er stærk, når jeg er magtesløs.

I fortvivlelsens tid fik jeg alligevel problemer. Hver gang jeg bad Fader vor og kom til: *"Ske din vilje!"*, fik jeg det svært. Jeg vidste godt hvorfor. Sæt nu, det var Guds vilje, at jeg skulle dø. Det kunne det sagtens være.

Da det havde naget mig længe nok, søgte jeg hjælp. Jeg vidste også godt, hvem jeg skulle spørge. Jeg spurgte Ditte. Jeg har det svært med give Gud opgaver, så jeg havde brug for hjælp. Jeg spurgte hende, hvordan hun ville bede. Hun sendte hurtigt en sms: *"Prøv med, Gud! styrk mit immunforsvar."*

Fortvivlet og med tårer i øjnene gik jeg op på det hellige bjerg i Sønderup og bad bønnen. Jeg var fortvivlet.

Og svaret … det, kom øjeblikkeligt.

Hvad der skete ved ingen. Men at det skete, det ved Gud. Det var som om, at han havde ventet på, at jeg skulle sige det.

I forbindelse med denne bogudgivelse bad jeg min ven, Ragnar Hannson Aase om en samtale.

Ragnar er norsk og har været præst i Finmarken. Jeg vidste, at det ville være klogt at tale med ham, om denne oplevelse, og hvad vi nu blev ledt til at tale om.

Vi talte om bogen, om Paulus breve og om Markus-evangeliet. Ragnar talte om, hvordan Markus evangeliet slutter med korsordene: *"Min Gud! Min*

Gud! hvorfor har du forladt mig?" Der kommer ikke
mere. Ingen opstandelse. Det er det yderste mørke.

"Måske har du set ind i det mørke?" sagde Ragnar.

Det var derfor, jeg var kommet.

Jeg havde brug for, at han sagde det til mig.

Gud ved alt om kræft. Han er frontkæmper og har
givet os det stærkeste våben allerede. Hans
immunforsvar. Håbet er vendt tilbage. Kræfterne til
at skrive denne bog. Den bog som så mange har
spurgt efter.

Jeg er stadig villig til alt, men er nu langt friere og
ikke længere så presset på tid.

Gud velsigne jer!

Alt Godt! Totus bonum.

Kapitel 14

Jeg får altid det sidste ord

"This is your captain speaking. Vi lægger om ikke så længe an til landing. Det har været en spændende flyvetur, der har været lidt turbulens undervejs, men sigtbarheden er god, vejret er godt, og vi forventer at lande til tiden. Spænd venligst sikkerhedsbæltet. " (Indkørslen til præstegården, er en lang allé med en del lygter. Den minder mig altid om en landingsbane).

Jeg har det nok svært med både begyndelser og slutninger, for findes de? Og hvornår begynder de, har vi talt om ... og hvornår slutter det?

For et år siden blev Tommy og jeg nødt til at skilles fra hinanden. Det var som om, at vi selvom vi var blevet rigere på erfaringer, følte os sårbare. Vi følte en dyb taknemmelighed, men også et stik i sjælen. Vi opdagede sider af os selv og hinanden, vi aldrig havde set komme, ting der aldrig stod på vores fælles bucket liste

Her stod vi: mig med skorpion dramaer, Kilimanjaro, verdens ende eventyr og holde øje med Tommy. Tommy ville egentlig bare gerne blive hjemme og passe sit embede. Vi ville egentlig bare gerne finde ro og retning i livet. Derudover var vi slidte. Vi havde byttet rundt på rollerne og var begyndt at miste fornemmelsen af, hvem der var hvem. Flyet var landet, men vi havde ikke fundet vores egen erkendelse.

Og erkendelsen var måske, at når man vælger at foretage en bestemt rejse, så findes der også en destination. Vi fik oplevelser, vi fejlede, og meget blev usagt i det år, vi var hver for sig.

Er vi? Eller hvad? Tuner vi ind og finder tilbage til dem, vi var? Det lyder måske som et pladder romantisk udtryk at finde hjem til sig selv. Men efter at have brugt al min energi på at være sekretær, sygeplejerske, advokat, koordinator, hele tiden med

det ene øje halvt åbent, parat til at gribe ind, sikre,
tjekke, forebygge, fikse, så tror jeg, at...

Nogle mennesker kan først mærke ulykken bagefter.
De gør alt det, de skal, mens det står på, og så
kommer reaktionen. Sådan tror jeg også, det var
med os. Eller i hvert fald med mig.

Jeg havde nok nogle urealistiske forventninger om
magi, ægteskab, kræft, vilje, erkendelse, det store,
Kærligheden, for kærligheden *er* stor. Der findes
ikke noget større. Der findes ikke noget mere
kraftfuldt.

Tommy har også sine veje. Sine metoder. Det var
faktisk først for nylig, det gik op for mig. Han er et
andet menneske, end jeg fik spurgt ind til. Hvorfor?
Jeg ved det ikke.

Jeg er glad for musik, men undrede mig lidt over, at
han hver morgen råbte "ABBA!" Når han var i bad.

Eller det troede jeg, han gjorde. Det viste sig, han råbte noget helt andet. Det var en måde at kalde på sin Gud. Han har fortalt mig, hvordan han har kaldt mange gange på Gud "ABBA". Og jeg troede han råbte på gruppen Abba.

:-D

Det har været hårdt. Det har været *hårdt* at give slip. Hårdt at kæmpe så meget, for at han skulle leve, og så alligevel ende med spørgsmålet: *Kan vi overhovedet leve sammen?*

Men i det rum, lige dér har kærligheden aldrig forladt os. Måske har vi i perioder, på skift eller samtidig, forlangt for meget af den. Troet den var væk. Men kærligheden gør, hvad den vil. Kærligheden er... ja, Tommy.

Vores diskussioner eller konflikter kan nogle gange være hylende morsomme. Det synes jeg i hvert fald. Jeg er ikke sikker på, at han er lige så overbevist.

Jeg ved ikke lige så meget om universet og lysår, galakser og teknologi som ham, men Gud skal vide, vi har forsøgt. Den ene, den anden, den tredje, den fjerde, den femte konstellation, for at få det til at fungere.

En dag kulminerede det.

For et par måneder siden diskuterede vi et eller andet over telefonen, jeg kan ikke engang huske hvad, og endte med, at jeg hvæsede ind i røret: *"Jeg blokerer dig"*!!! Jeg kunne mærke det helt ned i storetåen. Så ringede han og fik en skideballe for *at ringe*. For nu havde jeg jo *prøvet* at blokere ham!

Så griner vi. Det gør vi egentlig tit.

Vi har dét til fælles. Vi griner så tårerne triller. Det blev startskuddet til, at jeg flyttede hjem igen. Men jeg kender ikke slutningen. Jeg kender kun *én* slutning, og den er:

Jeg elsker Tommy.
Jeg elsker min familie.
Og for dem vil jeg gøre alt.

Tommy elsker også – også disse skæve, kære, pudsige begreber. Ikke som sådan vi skal lige dissekere en halv gris på køkkenbordet– men udtryk, begreber, hvor det stammer fra, hvad den oprindelige betydning er. Det skal der skal parteres og forskes i.

Så selvfølgelig skriver man en bog sammen med ham uden, at han nødvendigvis opdager det.

Vi lever meget hvert vores liv, og så kommer en af os pludseligt rendende. Nogle gange fordi vi skal hinanden noget. Eller vil sige noget. Eller bare har lyst til at kigge lidt – være i hinandens selskab. Det sker pludseligt. Ofte mens den anden er midt i noget helt andet.

Sådan skete det også forleden.

Han kom rendende, mens jeg sad og malede. Hovedet bøjet over lærredet. Han sagde, at han havde spekuleret over det med *mirakler*. Bogen hedder *Miraklet mellem os*.

Han havde forsket i det. Fundet ud af, at mirakel kommer af *miraculum*, som betyder *forundringsværdigt*.

Lidt ligesom nattergale og solopgange. Og udsagn. Overhalet af noget, man ikke helt kan forklare – men som altid vil være der.

Det er vores kærlighed.

Det er vores mirakel

Som nogle bevingede ord af Inger Christensen:

"Hvis gentagelsen findes. Hvis gentagelsen findes.

Så mødes vi i sommerfugledalen."